Toward integrated financial income taxation and
金融所得一体課税の推進と日本版IRAの提案
Japan version IRA.

森信茂樹 [編著]
金融税制研究会／NTTデータ経営研究所 [著]

社団法人 金融財政事情研究会

はじめに

(1) わが国金融税制の課題と国際的な潮流

　高齢化社会に突入している先進国共通の課題は、限られた貯蓄・資本をどのように効率的に活用し経済成長につなげていくかという点にある。その際、貯蓄や資本にどのように課税するかという租税政策が、決定的に大きな役割を果たす。後述する北欧、オランダやドイツの税制改正、さらには米国等における金融所得課税に関する議論の新たな展開は、そのような先進国共通の課題への解答であり、新たなチャレンジである。

　わが国においては、少子高齢化の進展によりこれまでのような経済成長が見込めないなか、約1,500兆円もの個人の金融資産を有効活用することで経済成長につなげていくことは急務ともいえる。その際、個人の金融資産に対してどのように課税をするかという租税政策が大きな役割を果たす。そのため、わが国の税制を、課税の適正化を図りつつ資本に対する効率的な税制に変えていくことの政策プライオリティーは、きわめて高まっている。

　このような状況のなか、「貯蓄から投資へ」という投資促進政策のもとで、おもに個人投資家に対する利便性の向上の観点から「金融所得課税を一体化した税制を構築する」という基本方針が、平成16年の旧政府税制調査会で確認されており、以降、わが国の税制は、分離課税を基本としたうえで、金融所得間の課税方式の均衡化と損益通算の範囲拡大を柱とする金融所得一体課税の構築に向けて進んできた。また、民主党政権樹立後の、新しい政府税制調査会でも平成22年度税制改正大綱において、「総合課税」が理想とし

つつも、当面の対応として「株式譲渡益・配当課税の税率の見直しに取り組み、損益通算の範囲を拡大し、金融所得の一体課税を進める」という改革の方向性が確認されている。

　他方で、この金融所得課税の一体化は、証券税制改革という名称のもと、株式市場や証券会社の問題として取り上げられてきたという経緯もある。そのうえ、株式譲渡益や配当に優遇税制を認めることは、金持ち優遇である、というとらえ方をする主張も散見される。たしかに、現行の配当と株式譲渡益に対しては、本則税率の20％の半分の10％の税率が時限的に課せられていることや、株式市場対策の一環として、この税制がしばしば触れられてきたことから、そのようなイメージができあがったことにはやむをえない点もある。しかし、金融所得課税の一体化の本来の趣旨は、証券会社や株式市場活性化のためだけではない。金持ち優遇税制というレッテルは、きわめて表面的な見方に基づくものである。

　金融所得課税の一体化には、投資家における金融所得間の損益通算、損失の繰越しを認めるということと、金融商品や金融所得ごとに異なっている現行の課税方式を見直し、それらを均衡化する（分離して同一の税率水準にする）ということの2つの要素が含まれている。これにより、「金融所得課税の一体化」には、①投資家のリスクテイク能力を高めることによって、「貯蓄から投資へ」という政策的要請に応える、②わかりやすく簡素な税制を提供することによって、投資家のコンプライアンスコスト、税務当局側における行政運営コスト、金融機関における金融商品の設計・顧客対応にかかるコストを低下させる、③金融所得に関する課税上の取扱いが統一されることによって、各金融商品・金融所得に対する税の中立性をより担保し、かつ発達した金融技術を駆使した租税回避・租税アービトラージを防止する、というさまざまな利点がある。

　こうした意義もさることながら、金融所得課税の一体化は「資本に対する効率的な税制を構築する」という世界的な税制のトレンドに対応するという

点に最大の主眼があり、これまでの包括的所得税体系を根本から見直すものであることを認識しなければならない。

　経済と金融のグローバル化・高度化が進むなか、国際間の移動が容易である（足が速い）という特性をもつ金融商品から生じる所得（以下「金融所得」という）に対してどのような税制を構築していくかは、先進諸国の税務当局の間での最大の関心事となっている。世界的な税制改革のトレンドとしては、現行の包括的所得税が経済成長にさまざまな非効率性をもたらしていることから、資本に対する課税を見直すことで、資本に対して効率的な税制を構築することが重視されている。見直しの方向は、金融所得・資本所得を勤労所得から分離して低率で課税することであり、北欧諸国の二元的所得税に始まり、BOXシステムを導入したオランダをはじめとする欧州諸国に波及し、ドイツでも大連立政権のもとで合意され1、米国でも大統領税制改革諮問委員会の改革案として同様の税制が議論された税制である。世界の所得税議論は、「課税ベースを広くして税率を引き下げる税制」から、「国内貯蓄・資本の効率を高める税制」へとシフトしつつある。その背景には、「公平」から「効率」への税制哲学のシフトがある。いや、より正確には、「公平」な税制を達成するためには、「効率」的な税制を求める必要が出てきたということであろう。

　このような世界的な税制改革の流れを認識しつつ、わが国においても金融所得課税の一体化を進める必要がある。

　金融所得一体課税の意義をあらためて整理してみよう。
　第一に、一体課税は、資本に対する効率的な税制の構築という世界の税制

1　ドイツでは、利子所得、配当所得および譲渡所得は「資本所得」に分類され、2009年から申告不要（分離課税）制度が導入されて、総合課税との選択性となった。申告不要（分離課税）となる場合の税率は、所得税が25％、連帯付加税が所得税額の5.5％となっているため、あわせると26.375％になる。

改革の潮流に沿った税制で、足の速い金融所得を総合課税される他の所得に比べて低率の比例税率で課税することで、資本の海外流出を防ぐことにつながる。

　第二に、金融所得に関する課税上の取扱いが統一されることによって、簡素でわかりやすく、かつ、投資家の金融商品選択に対して中立な税制となる。複雑かつ不整合がある現行の金融税制を簡素でわかりやすい税制に変えることは、個人投資家・納税者のタックスコンプライアンスの向上に資するだけでなく金融機関のコンプライアンスコストならびに税務当局の事務負荷を低下させる。金融所得の特色である大量性、多様性、即時性をふまえ、最近では金融取引におけるシステムの重要性が高まっているが、簡素な税制はシステム構築が容易になるだけでなく、税務当局が足の速い所得を捕捉するうえでもきわめて重要な意味をもつ。公平性と簡素性は、これまでトレードオフの関係にあるとされてきたが、現在の金融所得への課税が置かれた状況は簡素性を追求することが結果として公平性につながるのである。さらに、金融所得に関する課税上の取扱いが統一されることによって、金融商品間の税の中立性がより担保され、かつ発達した金融技術を駆使した租税回避・租税アービトラージが防止されることにもなる。

　第三に、金融商品間の損益を幅広く通算できるようになるため、一般の個人投資家が投資に対してリスクテイクしやすくなる。一般の個人投資家がリスクテイクしやすくなれば、投資が促進され、経済活動の活性化に資することになる。そのためには、金融所得という概念を法律上明記し、それに対応する経費、損失の手当をする必要がある。

　こうした意義もさることながら、金融所得一体課税は、わが国の金融所得に対する課税のあり方を見直し、体系的かつ整合的な金融税制を構築することにつながるという点も重要である。

　このように、金融所得一体課税はきわめて意義が大きいにもかかわらず、

一部の富裕層に対する優遇税制であるというとらえ方が散見される。政治情勢などによって、景気対策または株価対策などの一環として優遇税制の導入がしばしば議論されることや、本則20％である株式譲渡所得や配当所得に対して時限措置とはいえ10％の軽減税率が適用されていることから、金持ち優遇ととらえられていると想定される。

　軽減税率については、代替措置を講じつつ、廃止することが望ましいが、金融所得一体課税の趣旨は、本章の冒頭で述べたようにわが国の税制を取り巻く環境の変化をふまえ、その課題に対応するための本格税制である。また、簡素でわかりやすい税制に改めることで一般の個人投資家のタックスコンプライアンスが向上し、とりわけ証券特定口座の源泉徴収口座制度の幅広い活用により実際に発生した金融所得が正確に把握できるため、適正な課税が行われることをふまえると、金融所得一体課税が優遇税制であるというとらえ方は表面的な見方である。また、日本証券業協会の調査によると、個人投資家の7割は年収500万円未満である。このなかには年金生活者が含まれているものの、50代までに限った場合にも各年代のおおむね5割から6割は年収500万円未満である。投資をしている個人は必ずしも「金持ち」ではなく、個人の幅広い層が投資している事実も認識すべきであろう[2]。

　またわが国では、これから本格的な少子高齢化を迎えるにあたり、高齢者の増加に対して財政面でどう対応していくのかが政策上の大きな課題となる。特に、将来の国民年金および厚生年金給付額の試算が下方修正される等、公的年金制度をはじめとする国民の老後の生活を支える仕組みに対して不安が広がっており、景気の足を引っ張るとともに、社会問題として顕在化

---

[2] 「個人投資家の証券投資に関する意識調査報告書」（平成19年11月）によると、個人投資家自身の年収は、300万円未満40.4％、300万～500万円未満27.2％、500万～700万円未満12.4％、700万～1,000万円未満10.5％、1,000万円以上6.9％である。年代別にみると、20～30代の67.2％、40代の50.6％、50代の55.7％、60～64歳の76.1％、65～69歳の80.6％、70歳以上の86.2％が年収500万円未満である。

している。

　一方、高齢期の生活の多様化や雇用の流動化に加え、経済環境の低迷等、企業年金を取り巻く情勢も大きく変化するなか、老後に向けた備えとして、貯蓄や投資等を通じて中長期的に自助努力で資産形成を行っていくことへの関心が国民の間に高まりつつある。

　米国や英国においては、IRA、Roth IRAやISA等（私的）年金や教育等の目的別に国民の自助努力による資産形成を促すための優遇税制がすでに実施されており、国民に広く浸透している。そこで、わが国においても、これらの制度を参考にしつつ、老後に向けての資産形成を支援する制度の検討を行うことが有用である。具体的には、個人が将来の年金のために貯蓄を行う際に、税制優遇を行う個人年金貯蓄非課税制度（日本版IRA）の導入である。

（2）　金融税制研究会の活動の目的とゴール

　「金融税制研究会」では、前述の認識をふまえ、金融所得一体課税の実現に向けた提言と老後の資産形成を支援するための新制度の提案を行うために、これまで、現行の税制の問題点やあるべき制度の具体像、実現に向けた課題と解決の方向性について具体的な検討を行ってきた。

　税制関係者だけでなく、銀行、証券会社などの金融機関、法曹界、税法学者、経済団体、シンクタンク、情報システム専門家など幅広い分野から有識者を集め、単なる机上の空論ではなく、実際に制度を導入・運用するための具体的な議論を行うことを目的として活動してきた。

　これまでのおもな活動実績は、以下のとおりである。

　平成19年10月、金融所得一体課税の実現に向けた課題と解決の方向性、今後さらに解決すべき論点について検討した結果を、報告書「金融所得一体課税～その位置づけと導入にあたっての課題～」として取りまとめ、公表を行

った。

　翌年の平成20年10月、前年度の検討で洗い出された課題に対する具体的な解決策、個別の金融商品別の課税方法などについて検討した結果を、報告書「金融所得一体課税〜個人金融資産1,500兆円の活用に向けて〜」に取りまとめ、公表した。

　さらに、平成21年10月には、政府の動向をふまえ金融所得一体課税の残された課題、実現のために必要となる情報システムインフラの仕組み、老後の資産形成を支援する個人型年金非課税制度の枠組みについて検討した結果を、報告書「金融所得一体課税の推進と日本版IRAの提案」として取りまとめ、公表した。（http://www.japantax.jpで閲覧可能）

　今後は、金融所得一体課税の実現に向けて引き続き議論を重ねていくとともに、制度について幅広い層にご理解いただくために、各方面に積極的にアピールしていきたいと考えている。また、当研究会が提案する新制度「日本版IRA」について、有識者を交えて議論を行い、実現性と利便性に優れた制度としていきたい。

　なお、平成22年5月、金融庁に金融税制研究会が設置され、金融税制に対する本格的な議論が開始された。当研究会のメンバーも加わっており、今後の金融税制議論の活発化が期待される。

(3) 本書の内容と構成

　本書は、平成18年からの3年間の金融税制研究会の活動を通じて得た成果を、いったん取りまとめて、一部の税制関係者だけでなく、金融商品を購入する個人投資家や金融機関の実務担当者など幅広い層に、金融所得一体課税や資産形成支援税制について理解をしていただくことを目的としている。

　内容は、平成19年10月の「金融所得一体課税〜その位置づけと導入にあた

っての課題〜」、平成20年10月の「金融所得一体課税〜個人金融資産1,500兆円の活用に向けて〜」、平成21年10月の「金融所得一体課税の推進と日本版IRAの提案」という3つの報告書の内容を統合したものとなっている。編集にあたっては、報告書自体の記述を基本的に生かしつつ、最新の税制改正の動向などをふまえ、陳腐化している情報については、適宜修正、補足を加えてわかりやすくまとめている。

　構成としては、第1部で、「金融所得一体課税の位置づけと導入にあたっての課題」と題して、「1　現行の金融所得に対する課題の問題点」や「2　金融所得一体課税とは」「3　わが国における金融所得一体課税の導入状況と評価」について整理したうえで、「4　金融所得一体課税の実現に向けた進め方」「5　個別金融商品の金融所得課税の一体化の方法」「6　インフラの整備（金融所得確認システムの導入）」について記述し、最後に「7　検討が必要な論点と今後の進め方」について検討をしている。第2部では、「日本版IRAの提案」と題して、「1　年金制度の現状と問題点」を整理したうえで、「2　日本版IRAの提案と制度設計」について記述する。

平成22年6月吉日

金融税制研究会座長

森信　茂樹

目　次

はじめに ………………………………………………………………… *1*
　(1)　わが国金融税制の課題と国際的な潮流 ……………………… *1*
　(2)　金融税制研究会の活動の目的とゴール …………………… *6*
　(3)　本書の内容と構成 ……………………………………………… *7*

第 1 部
金融所得一体課税の位置づけと導入にあたっての課題

1　現行の金融所得に対する課税の問題点 …………………… 2

2　金融所得課税一体化とは ……………………………………… 6

3　わが国における金融所得一体課税の導入状況と評価 …… 12

4　金融所得一体課税の実現に向けた進め方 ………………… 20
　(1)　基本的な考え方 ………………………………………………… 20
　(2)　具体的な内容 …………………………………………………… 24
　　①　「金融所得」概念の創設 …………………………………… 24
　　②　「金融所得」の範囲 ………………………………………… 25
　　③　金融所得一体課税の適用時期 ……………………………… 29
　　④　金融所得から控除する経費・損失 ………………………… 30
　　⑤　損益通算を認める範囲 ……………………………………… 33
　　⑥　損益通算の方法 ……………………………………………… 35

⑦	課税方式 ……………………………………………	39
⑧	税　　率 ………………………………………………	49
⑨	金融所得に対する課税額の納付方法 ………………	50
⑩	納税環境 ………………………………………………	50

5　個別金融商品の金融所得課税の一体化の方法 ………… 61

①	預 貯 金 ………………………………………………	61
②	公 社 債 ………………………………………………	62
③	投資信託 ………………………………………………	70
④	外貨建金融商品 ………………………………………	71

6　インフラの整備（金融所得確認システムの導入） ………… 73

(1)	金融所得一体課税によって生じる影響 ………………………	73
(2)	システムの導入による解決 ……………………………………	74
(3)	システム利用の流れ ……………………………………………	77
(4)	検討が必要な論点 ………………………………………………	79
①	番号の利用 ……………………………………………	79
②	利用対象者の範囲 ……………………………………	80
③	システム利用者を特定するための情報（本人識別情報）…………	80
④	既存システムの活用 …………………………………	81
⑤	納税者のアクションの要否 …………………………	81

7　検討が必要な論点と今後の進め方 …………………………… 82

第 2 部
日本版IRAの提案

1 年金制度の現状と問題点 ……………………………… 86

(1) 年金制度の構造と課税の仕組み ……………………………… 86
(2) 公的年金制度に生じている問題 ……………………………… 87
　① 高齢化社会の進展等による社会保障費の増大 ……………… 87
　② 給付と負担のバランスの悪化 ……………………………… 88
(3) 企業年金等に生じている問題 ………………………………… 89
(4) 老後に備えるための資産形成促進への動き等 ……………… 94

2 日本版IRAの提案と制度設計 …………………………… 96

(1) 基本的な考え方 ………………………………………………… 96
　① 制度導入の目的 ……………………………………………… 96
　② 政府方針との整合性 ………………………………………… 99
(2) 具体的な内容 ………………………………………………… 101
　① 対　象　者 ………………………………………………… 101
　② 適用要件 …………………………………………………… 101
　③ 課税方法 …………………………………………………… 103
　④ 拠出限度額 ………………………………………………… 106
　⑤ 現行年金制度との関係 …………………………………… 108
　⑥ インフラの整備 …………………………………………… 109
　⑦ 制度導入の時期 …………………………………………… 114
(3) 検討が必要な論点と今後の進め方 ………………………… 114
　① 番号の利用 ………………………………………………… 114
　② 金融機関における顧客対応の迅速性（任意時期積立方式を採用し

た場合）……………………………………………………………………… 115
　③　限度額管理のコスト（任意時期積立方式を採用した場合）……… 115
　④　非課税口座内に発生した金融所得の取扱い……………………… 115
　⑤　所管省庁……………………………………………………………… 115

【コラム】
　・上場廃止株式………………………………………………………………… 28
　・資金調達手段に対する中立性……………………………………………… 47
　・記入済み申告制度の導入について………………………………………… 57
　・限度額算出シミュレーション…………………………………………… 106

【図　表】
　　図表１：利子・配当・株式譲渡益課税の沿革…………………………… 13
　　図表２：金融所得一体課税実現による個人金融所得税制の変化……… 40
　　図表３：公社債（利付債）に対する課税方法の例……………………… 64
　　図表４：金融所得確認システムの利用の流れ…………………………… 75
　　図表５：金融所得確認システムにおける情報等の流れ………………… 78
　　図表６：わが国の３階部分の年金制度の問題点………………………… 90
　　図表７：現行年金制度のイメージ図……………………………………… 92
　　図表８：新制度（日本版IRA）のイメージ図…………………………… 98
　　図表９：IRAとISAの概要………………………………………………… 104
　　図表10：IRA型、Roth IRA・ISA型にみる税引後手取額の比較……… 105
　　図表11：システムに必要な機能の積立方式による違い………………… 111
　　図表12：複数の金融機関の情報を集約するシステムの目的別関係整理… 113
　　図表13：日本版IRAの概要………………………………………………… 116

第1部

金融所得一体課税の位置づけと導入にあたっての課題

1 現行の金融所得に対する課税の問題点

　まず、現行所得税制における金融所得課税の問題点を示すことで、金融所得課税制度を見直す必要性を示したい。

　現在、わが国の現行の所得税法は、本則によって規定される包括的所得税を前提としながらも、一部の利子・配当・株式譲渡所得などの金融所得については租税特別措置法において金融商品ごとまたは所得分類ごとに規定し、分離課税にするというかたちで個別に修正が行われており、複雑な租税体系となっている。こうした取扱いは、これまでのわが国の税制の歴史的な流れのなかでは、納税者番号がないなかで均しく課税を行うことに寄与してきた点で一定の評価をしうるものの、個人が多種多様化した金融商品を保有し、投資活動を通じた資産形成が一般化する今日、根本的に見直すことが必要である。また、個人の投資活動の成果である金融所得の課税において、所得を得るために要した経費や発生した損失に対しては、不動産所得、事業所得、雑所得、山林所得と比べると制限的な取扱いがされている点も見直しが必要である。

　利子所得について分離課税がとられている理由は、
(a) 総合課税の適正性を担保するためには、すべての所得に関して本人確認と名寄せを確実に行うことが必要で、そのためには大掛かりな仕組みが必要となるが、現状では限界があり、そのもとで総合課税が実施されると、実質的な不公平を新たに招くおそれがあること
(b) 利子所得等に総合課税が実施された場合、限界税率が適用されることから、金融の自由化、国際化の進展のもとで、海外への資金シフトを招くおそれがあり（いわゆる「足の速い所得」である）、かつ足の速い所得

であるために源泉徴収によって税を前取りする必要があること
(c) 総合課税への移行によって膨大な確定申告が必要になると、納税者や税務当局の負担増につながること（簡素な源泉徴収制度によって納税を完結させる仕組み）

等の理由からである。

海外への移転が容易であるという金融所得の特性は、今日のように瞬時に資金が国境を跨ぐ環境では、金融所得を分離課税によって源泉で課税することに十分な理由があることを示している。

他方で、現行のわが国所得税の10分類は、金融所得に対する課税において必ずしも有効には機能していない。

たとえば、投資信託では、税法上の扱いが異なる公社債型と株式型の2つの区分があるが、その区分は、各投資信託が実際に運用している金融商品の種類・構成によって区分されるわけではなく、各投資信託の約款によって区分されている。そのため、実際、公社債だけで運用されている投資信託であっても、公社債型とは区分されずに、株式型と区分されうることとなり、実際に、そのような投資信託も多く存在している。その結果として、通常は、税法上認められていない、株式譲渡損と公社債の利子などの所得との損益通算が、このような投資信託を活用することによって、実質的に行える状態になっているともいえる。

このような例は投資信託だけにはとどまらず、たとえば、ある指数に連動することで価格が決定されるという、類似した金融商品であるETFや先物商品（日経平均先物など）の損益同士では損益通算ができないことや、損益通算以外にも、外貨預金と外国為替証拠金取引（店頭取引）、株式における現物と信用など、類似した商品間で税の扱いが異なるという状態も生じている。つまり、外貨預金から生じる利息は利子所得であるため取引手数料等に相当する経費は費用として控除できないものの、外国為替証拠金取引（店頭

取引)の金利差相当額は雑所得となるため、取引手数料等の必要経費を控除できる。また株式の配当に関して、現物取引では配当所得となる一方で、信用取引(買建て)の配当に相当する所得(配当落調整額)は、株式譲渡所得となる、というようなケースである。別の例として、外貨預金がある。外貨ベースの利子は利子所得、為替差損益については雑所得であるため、これらの損益通算には制限が設けられている。そのため、個人が保有していた外貨預金が円高局面で満期となる場合には、外貨為替で損失が生じているにもかかわらず、利子部分は一律源泉分離課税で課税されるので、円ベースでは受取額が減少しているにもかかわらず課税を受けることとなる。さらに、現行の金融税制では、同じ経済実体の取引であっても、課税上の取扱いが異なるため、さまざまな不整合が生じている。たとえば、前述の外貨預金の例では、課税に際して利子所得と為替差損益との間の通算が制限されているものの、類似した金融商品である外貨建ての公社債投資信託であれば、これらの損益の通算を行うことができる。

このような税の不整合は、すでに例としてあげた以外にも、仕組預金やオプション付債券などさまざまな金融商品に存在しており、さらには、単一の金融商品から生み出される所得についても、為替差益は雑所得、利子部分は利子所得等と複数の所得分類に該当するなど、投資家・納税者のタックスコンプライアンスコストを高くしている。

しかも単なる課税の不整合にとどまらず、為替差損が雑所得であることを利用して、年金と相殺するために為替差損を買うスキームが用意されていたり、不動産特定共同事業法に基づく持分の分配金が雑所得に分類され年間20万円まで実質非課税であることを売り文句に、年間20万円までしか分配しないような商品が売られるなど、現行の10分類は課税逃れスキームにうまく利用されている。特に近年はデリバティブやファンド、パススルー組織を活用し所得を付け替える技術が急速かつ高度に発達してきており、金融の分野においては、10分類はすでに破綻に瀕しているといってもよい状況にある。

さらに、現行税制は譲渡損失に対して不当に不利な扱いをしている。譲渡所得と譲渡損失は中立的に扱われなくてはならないという原理は、古くはDomer[1]によって提唱されてきたし、シャウプ勧告にも、「われわれは、所得税において法人税との二重課税を避け、同時に常習の脱税を防止するような租税制度を立案した。このような制度のうちでも<u>重要な部分とされているのは、譲渡所得を全額課税し、譲渡損失を全額控除すること</u>である」（下線引用者）と記されている。にもかかわらず現行制度には、損益通算の範囲が限定され、また繰延べも制限されているという問題がある。

　金融資産の運用に対してリスクが高まるなかで、損益通算を大幅に認めることは、損失を投資家と国（税当局）とがシェアすることになり、投資家のリスクテイク能力を高め、経済の活性化につながるため、その意義はきわめて大きい。

　このように、現行のわが国の金融所得に対する課税は制度疲労を起こしており、金融所得に対する課税のあり方について根本的な見直しが必要である。

1　Domer-Musgrave（1944），"Proportional Income Taxation and Risk Taking"

2 金融所得課税一体化とは

　金融所得課税一体化の具体的な制度を検討する前に、まず、所得税のさまざまな類型と対比することにより金融所得課税一体化という考え方の租税政策としての位置づけを確認したい。

　まず、今後の所得税制を考えていくうえでの類型は大きく4つあるとIMF[2]では整理されている。すなわち、包括的所得税、支出税、二元的所得税、そしてフラットタックスである。

　包括的所得税とは、納税者が得るすべての所得を合計し、累進税率を適用するものである。教科書では理想的な税制であるといわれ続けている税制であるものの、キャピタルゲインに対する課税が執行上困難なうえ、すでに述べたとおり金融所得においては資本流出を招きやすい等さまざまな問題を生じさせており、先進諸国では厳格な包括的所得税を採用している国はない。

　支出税とは、所得や貯蓄・投資からの収益に着目して課税するのではなく、支出に対して直接税として課税するもので、消費課税（消費を課税ベースとする税制）[3]の一種である。付加価値に対し一度だけ課税するという点でゆがみの少ない税制である。現行所得税制度のもとでの金融所得への課税は、課税後の所得への課税であり、二重課税の要素を含んでいるが、支出税では、貯蓄・投資に回される所得には課税されず、支出時に一度だけ課税されることになるため、貯蓄・投資にやさしい税制となり貯蓄・投資へのイン

---

[2]　平成19年5月17日、政府税制調査会第10回企画会合・第5回調査分析部会合同会議提出資料より。
[3]　「消費課税」とは、物品やサービスの消費（支出）に対して担税力を認めて税を課す税制である。課税ベースである消費＝所得－貯蓄・投資であることから、貯蓄や投資からの収益に課税しない。

センティブも働く。支出税そのものは、執行の観点からの多くの問題があり、これを採用している国はないが、この論理そのものは、多くの国が付加価値税を採用していることで実質的に近づいているという状況もあり、高い関心が寄せられる制度である。

　二元的所得税は、北欧諸国において導入されている制度であり、勤労所得に対し累進税率を適用しながら、資本所得に対しては勤労所得より低い比例税率を適用するものである。北欧諸国では、総合課税のもとで住宅ローン等の負債利子控除制度を利用した租税回避が生じたため資本所得からの税収がマイナスになったという状況のなか、「足が速い」といわれる金融所得の海外移転を防ぐ目的もあわせて、現実的な選択肢として二元的所得税が導入された。このことは、その後、オランダやドイツの税制に大きな影響を及ぼしている。わが国における金融所得課税も分離課税が多用されているという点で類似性が認められ、「実質的な二元化である」との指摘もある[4]。なお、本格的に二元的所得税を導入するにあたって、最も大きな課題の１つは、自営業者や大口株主の扱いである。彼らの所得の一部は事業や経営に参画することで得られる勤労所得、一部は投下資本へのリターンとしての資本所得であり、またストックオプションにみられるように、勤労所得と金融所得の付替えは容易であり、双方を区分けする方法が必要となる。この点は二元的所得税のアキレス腱と呼ばれている。

　フラットタックス（ホール・ラブシュカ型）は、消費課税（消費を課税ベースとする税制）の一種であり、付加価値を賃金・給与・年金等とキャッシュフロー（利潤・利子・地代）に分けつつ、それぞれ個人段階、企業段階で同率の税制で課税するものである。個人段階で課税する理由は、基礎控除を設けることで累進性を設けるためである。なお、所得税の所得控除を基本的に

---

[4] OECD（OECD "Tax Policy Studies : Fundamental Reform of Personal Income Tax"（2006））、IMF（平成19年５月17日、政府税制調査会第10回企画会合・第５回調査分析部会合同会議提出資料）より。

廃止し、単一税率で課税する税制をフラットタックスと呼ぶ場合がある。これらの税制は、ロシア、ウクライナ等旧東欧圏で導入されているが、ここでいうフラットタックスとは異なるものである。制度が簡素になる結果、申告にかかる手間が少なくなり、また、納税者のコンプライアンスが向上することが長所とされている。フラットタックスにおいては、課税ベースの拡大の一方で、高所得者において大幅な税負担の軽減となるので、所得分配上の問題を惹起する。課税ベースの侵食が著しい日本においては魅力的な制度であるものの、控除制度の大幅な整理と、高所得者の負担軽減につながる税制を実現するには、説得力のある理由づけが必要になるだろう。

　ここであらためてわが国で議論されている金融所得課税一体化の定義を確認すると、平成16年6月15日に旧政府税制調査会から公表された『金融所得課税の一体化についての基本的考え方』によれば、「金融所得の間で課税方式の均衡化をできる限り図ること、金融所得の間で損益通算の範囲を拡大することの2点」であるとされている。
　より具体的には、(a)金融所得は、勤労所得などの金融所得以外の所得と分離して課税する、(b)その課税に際して、金融商品の種類や所得分類によって課税方式に差異を設けない、(c)さまざまな金融商品から生じた収益の総計から、その収益を得るために必要な経費または生じた損失の総計を控除することで金融所得を算出し、その金融所得に対してたとえば20％といった比例税率で課税する、(d)損益通算後に損失が計上された場合にはその繰越しを認める、の4つを行うというものである。
　このような金融所得課税一体化の考え方を、教科書的には理想であるといわれる包括的所得税とどう関連づけて考えたらよいのか、という問題がある。現行の金融所得課税をさらに一体化していくことは、分離課税・比例税率、損益通算という点で、包括的所得税とは異なった哲学に向かいつつあるという見解がある一方で、基本的には包括所得税の考え方を基礎としてお

り、包括所得税からの離脱というより派生したもの、とみる見解も有力である。

わが国税制の歴史を振り返ると次のとおりである。包括的所得税を基本としたシャウプ税制は、戦後日本の資本不足を理由に資本所得については軽課の方向で変質していった。その後高度成長期を経て資本の蓄積が進むなかで、あらためて税制のあり方を検討する必要が生じ、納税者番号等のインフラがないなかで、現実的な課税方法として利子所得に対する分離課税が位置づけられた。今日においては、資本の海外流出や租税回避行為の防止という観点からも分離課税についての正当性が与えられるべきといえよう。

金融所得課税の一体化は、現行制度からの継続性を十分に保つものであり、経済活動のさらなる国際化に対応した現実的な進化形であるととらえることができる。

重要なことは、金融所得課税一体化は、OECDならびにIMFが指摘しているように、二元的所得税の考え方を下敷きにした税制であり、金融所得を比例税率で分離課税し、所得税累進税率の比較的低い水準で課税している点で基本的に同じものといっても過言ではないということである。実際、金融所得課税の一体化は実質的に二元的所得税の本質と近しい結果をもたらす。したがって、金融所得課税一体化により、二元的所得税を導入した国々が実現した、資本の海外流出の防止や、効率的な資本課税の実現を期待することができる点に着目すべきである。

金融所得課税一体化は二元的所得税の考え方との類似性から、税体系や経済・財政状況の異なる日本において導入することは適切ではないという見方がある。しかし、最近のOECDのレポート[5]では、米国や英国、ドイツなどの多くの国々が、本来の包括所得税を修正した税制（Semi-comprehensive）に変貌する一方、日本は、ベルギーやチェコ、ギリシャ、ハンガリーなどと

---

[5] OECD "Tax Policy Studies: Fundamental Reform of Personal Income Tax"（2006）より。

ともに、すでに、現行の税制において、二元的所得税に近い税制（Semi-Dual Income Tax）を取り入れている国であると指摘されていることに着目すべきである。

　また、金融所得課税一体化は、中立で簡素な税制を実現し、納税者にわかりやすく、かつ執行の容易な金融税制を目指すという目的ももっているので、実効性・実現可能性を加味した検討が必要である。具体的には、個々の金融商品ごとに金融所得を判断していくことにより、時代の要請に応じて範囲を広げていくことが可能となる。金融所得をアプリオリに定義するということではなく、時々の投資の状況、金融商品の普及に応じて、その範囲を見直していく必要がある。また、二元的所得税においては資本所得に対する税率と勤労所得の最低税率、法人税率が同水準に設定されるが、金融所得課税一体化はそのような税率水準を必ずしも目指しているわけではない。

　さらに金融所得課税一体化を二元的所得税の1つと位置づける場合には、このような税制は、消費課税（消費を課税ベースとする税制）に向かう（中間的な）税制と位置づけることもできる。包括的所得税は、課税後所得から投資・貯蓄したにもかかわらずあらためて課税されるため投資・貯蓄へのインセンティブを弱めて資本蓄積を阻害する、配当については法人段階において損金算入が認められないものの借入金は利子控除されるため、直接金融と間接金融の中立性を阻害する、など経済活動にゆがみを生じさせるおそれがある。これに対して、支出税、フラットタックスといった消費課税制度の特徴は、前述したように付加価値に対して一度しか課税しないことで税制による経済活動のゆがみを最小限に抑えるというものであり、経済活動への中立性という観点からきわめて優れた税制である。一方で、金融所得への課税を分離して低率で課税する方式は、将来的に金融所得を非課税にし、法人段階で、支払利子の損金算入を否認することにより利子課税を行えば、このような税制は消費課税と同じことになる。二元的所得税は、金融所得に対する税率を低くしているが、それは消費課税への第一歩ともみなすことができ、実

際、OECDにおいても二元的所得税が包括的所得税と消費課税の中間的な税制であると評価されている6。

　いずれにしても、われわれは、わが国の実態に即して税制を考えていくことが必要であり、原理的な税制をそのまま受け入れる必要はない。

6　OECD "Tax and the economy : A comprehensive Assessment of OECD countries"（2001）より。

3 わが国における金融所得一体課税の導入状況と評価

　金融所得一体課税に向けて、これまでの経緯を整理してみたい。

　平成16年6月に旧政府税制調査会が「金融所得課税の一体化についての基本的考え方」と題する報告書を公表して以降、ペースは遅いものの毎年一体化に向けての改正が行われてきた。この間の動きを、株式譲渡益の税制を中心にまとめたのが、図表1である。とりわけ大きな進展といえるのは、平成21年から、上場株式等の譲渡損と配当の損益通算が可能になったことで、金融所得一体課税化に向けた大きな一歩を踏み出した。

　その後平成21年9月に民主党への政権交代があった。民主党は選挙公約と一体になった「政策集・インデックス2009」のなかで、金融所得一体課税化について次のように述べている。

　「本来すべての所得を合算して課税する『総合課税』が望ましいものの、金融資産の流動性等にかんがみ、当分の間は金融所得については分離課税とした上で、損益通算の範囲を拡大することとします。証券税制の軽減税率については、経済金融情勢等にかんがみ当面維持します」

　このような方針をふまえて、民主党政権のもとで、平成22年度税制改正に向けた議論が行われた。

　議論の経過をたどってみよう。平成22年度改正における金融庁は、次の3つを柱とした税制改正要望を行った。

　第一に、預金・債券の利子所得を株式の譲渡損益と損益通算できるようにするなど、金融商品間において損益通算の制限のある損益通算の範囲を拡大し、個人投資家の積極的な市場参加を促す環境整備をすることである。現行税制の下でインカムゲインとキャピタルゲインの損益通算が可能なのは、上場株式・公募株式投信だけであるので、それを債権・預金利子や先物取引の

図表1:利子・配当・株式譲渡益課税の沿革

年次	利子課税	配当課税	株式譲渡益課税
昭22	・総合課税 ・源泉分離選択可(60%) ・少額貯蓄非課税制度	・総合課税	・総合課税
23		・配当控除制度の創設	
25	・源泉分離選択課税の廃止		
26	・源泉分離選択課税の復活(50%)		
28	・源泉分離課税化(10%)		・原則非課税 (回数多、売買株式数大、事業類似は総合課税)
30	・非課税		
32	・短期(1年未満)のみ源泉分離課税化(10%)		
34	・長期も含め源泉分離課税化(10%)		
38	・源泉分離課税の税率引下げ(10%⇒5%)		
40	・源泉分離課税の税率引上げ(5%⇒10%)	・源泉分離選択課税の創設(15%) (1銘柄年50万円未満等) ・申告不要制度の創設(10%) (1銘柄年5万円以下等)	
42	・源泉分離課税の税率引上げ(10%⇒15%)	・源泉分離選択課税の税率引上げ(15%⇒20%) ・申告不要の税率引上げ(10%⇒15%)	

46	・総合課税化 　源泉分離課税選択可 　（20％）		
48	・源泉分離選択課税の税率引上げ（20％⇒25％）	・源泉分離選択課税の税率引上げ（20％⇒25％）	
49		・申告不要の要件の緩和 　（1銘柄年5万円⇒10万円）	
51	・源泉分離選択課税の税率引上げ（25％⇒30％）	・源泉分離選択課税の税率引上げ（25％⇒30％）	
53	・源泉分離選択課税の税率引上げ（30％⇒35％）	・源泉分離選択課税の税率引上げ（30％⇒35％） ・申告不要の税率引上げ（15％⇒20％）	
63	・源泉分離課税化（20％） 　［所得税15％、住民税5％］ ・少額貯蓄非課税制度の原則廃止 　（老人等少額貯蓄非課税制度に改組）		
平元			・原則課税化（以下のいずれかの方式を選択） ・申告分離課税（26％） 　［所得税20％、住民税6％］ ・源泉分離選択課税（みなし利益方式）（20％）
13			・1年超保有上場株式等の100万円特別控除の創設 ・緊急投資優遇措置の創設
14	・障害者等少額貯蓄非課税制度に改組		・特定口座制度の創設

15		・源泉分離選択課税の廃止 ・上場株式等（大口以外）の申告不要の適用上限額の撤廃 ・上場株式等（大口以外）に係る軽減税率（10％）［所得税7％、住民税3％］ （平成15年4月から平成20年3月まで）	・申告分離課税への一本化 （源泉分離選択課税の廃止） ・上場株式等に係る税率引下げ（26％⇒20％）［所得税15％、住民税5％］ ・上場株式等に係る軽減税率（20％⇒10％）［所得税7％、住民税3％］ （平成15年1月から平成19年12月まで） ・上場株式等の譲渡損失の繰越控除制度の創設
16			・非上場株式に係る税率引下げ（26％⇒20％）［所得税15％、住民税5％］
19		・上場株式等（大口以外）に係る軽減税率（10％）［所得税7％、住民税3％］の1年延長（平成20年3月まで⇒平成21年3月まで）	・上場株式等に係る軽減税率（10％）［所得税7％、住民税3％］の1年延長（平成19年12月まで⇒平成20年12月まで）
20		・上場株式等（大口以外）に係る軽減税率（10％）［所得税7％、住民税3％］の廃止（平成20年12月末まで） ・特例措置として、平成21年1月から22年12月末までの間、源泉徴収税率は10％［所得税7％、住民税3％］ なお、上場株式等の配当（同一の支	・上場株式等に係る軽減税率（10％）［所得税7％、住民税3％］の廃止（平成20年12月末まで） ・特例措置として、平成21年1月から22年12月末までの間、源泉徴収税率は10％［所得税7％、住民税3％］ なお、上場株式等の譲渡益が年間

		支払者からの年間の支払金額が1万円以下のものを除く）の額が年間100万円超の場合には申告不要の選択不可 ・上場株式等の申告分離課税（20％）［所得税15％、住民税5％］の創設（平成21年1月から） ・特例措置として、平成21年1月から22年12月末までの間、上場株式等の配当等の額が年間100万円以下の部分の税率は10％［所得税7％、住民税3％］	500万円超の場合には申告不要の選択不可 ・特例措置として、平成21年1月から22年12月末までの間、上場株式等の譲渡益が年間500万円以下の部分の税率は10％［所得税7％、住民税3％］ ・上場株式等の譲渡損失と配当等との間の損益通算の仕組みを導入（平成21年分から。なお、特定口座を利用した損益通算は平成22年分から）
21		・上場株式等の源泉徴収（大口以外）に係る軽減税率（10％）［所得税7％、住民税3％］を平成23年末まで1年延長 ・上場株式等の申告分離課税の税率の見直し（平成21年～23年まで10％［所得税7％、住民税3％］）	・特定口座における源泉徴収に係る軽減税率（10％）［所得税7％、住民税3％］の1年延長 ・上場株式等の申告分離課税の税率の見直し（平成21年～23年まで10％［所得税7％、住民税3％］）
22		・平成24年から実施される上場株式等に係る税率の20％本則税率化にあわせて、少額上場株式等に係る配当所得の非課税措置を導入	・平成24年から実施される上場株式等に係る税率の20％本則税率化にあわせて、少額上場株式等に係る譲渡所得の非課税措置を導入

（注）　表の税率の内書き記載のないものは、所得税のみの税率である。
（出典）　政府税制調査会

損益（取引所取引のものに限定、現在は雑所得）にまで拡大してほしいということである。

　第二に、損益通算の範囲を拡大するにあたって、公共債・社債等債券の課税方式を、現行の利子並みの課税（利子所得と同様の源泉分離課税、譲渡損益は認識しない）から、株式並みの課税方式（利子は申告分離課税、債券譲渡損益を認識する）に変更してほしいということ、さらにデフォルト債券の損失を譲渡損失とみなしてほしいという要望や割引債の課税方式の変更についても要望が出された。

　この背景には、代表的な債券である利付債の課税方式は、インカムゲインは20％の源泉分離課税、キャピタルゲインは非課税となっており投資リスクの時代にそぐわないことや、割引債は18％の発行時源泉課税、転換社債はインカムゲインは20％源泉分離課税、キャピタルゲインは20％申告分離課税というように、個人投資家にとっては大変複雑な税制となっているという事情がある（40頁、図表２参照）。

　第三に、あわせて、かねてから税により市場の流通性が阻害されているなどの問題点（課税玉と非課税玉の分断問題）が指摘されていた債券税制の見直しも要望した。この点に関するわれわれの意見は、「５②　公社債」を参照いただきたい。

　この要望をもとに民主党政権の新しい政府税制調査会で議論された結果、平成22年度税制改正事項として、金融所得一体課税分野での進展はみられなかったものの、「検討事項」の項目に、「金融証券税制については、金融商品間の損益通算の範囲の拡充に向け、平成23年度改正において、公社債の利子及び譲渡所得に対する課税方式を申告分離課税とする方向で見直すことを検討する」と記され、平成23年度改正のなかでの方向性が明記されるところとなった。

　「大綱」は、金融商品間の損益通算の範囲の拡充に向けて検討を進めること、そのなかでとりわけ公社債の利子および譲渡所得に対する課税方式を申

告分離課税とすることについては、平成23年度改正で見直すことを検討する、と読める。つまり、平成23年末までは、株式譲渡益と配当所得については優遇税率が適用されているので一体化は無理であるが、(期限が切れ)税率のそろう平成24年の一体化に向けて、平成23年度改正のなかで、複雑な証券税制の整備とあわせて抜本的に検討するということである。

　また、証券市場対策として導入・継続されている上場株式の譲渡所得・配当所得に対する軽減税率は、「平成24年から実施される上場株式等に係る税率の20％本則税率化」と記述し、その廃止、本則税率復帰について明言しているのである。

　なお、その際増税のインパクトを緩和するものとして、上場株式投資のための非課税措置（課税口座内の少額上場株式等に係る配当所得および譲渡所得等の非課税措置）が前政権の税制改正大綱でコミットされていたが、それについて、平成24年から3年間に創設された口座について10年間の優遇を認める制度の導入が、正式決定された。英国の株式等への投資を優遇する制度であるISAを参考にしたことから、日本版ISAと呼ばれている。

　このような制度がどこまで株式市場振興につながるのか、疑問なしとはしない。また、複雑な制度を時限的に導入することは、金融機関や税務当局のシステム投資のコストを高めることにつながる。

　この点について、時限的な相場振興策ではなく、本格的にわれわれの老後の資産形成を支援する税制を恒久的な制度として構築する、という発想の転換を行うべきだと考えており、後述する「個人型年金非課税制度（日本版IRA）」の創設を提唱している。

　以上みてきたように、証券税制については、時々の株式市場の状況等により、実にさまざまな税制が時限的に導入され、納税者、証券会社ともに翻弄されてきた歴史がある。新たな政権のもとでは、そのような時々を取りつくろう証券税制ではなく、骨太の恒久的な税制を構築すべく議論を展開することが望ましい。金融所得一体課税・二元的所得税の本来の趣旨をふまえた一

体化を進めることにより、1,500兆円もの個人金融資産の活性化を通じて、わが国経済の活性化が期待される。

4 金融所得一体課税の実現に向けた進め方

3で述べたようなわが国の金融税制の置かれた状況と金融所得一体課税の意義をふまえ、金融所得一体課税の実現に向けた制度設計を考える際に、どのようなアプローチで金融所得一体課税を実現していくことが望ましいのか、「簡素」「公平」「中立」の課税原則から税制面および実務面の両面を考慮しつつ、どのような点に留意して制度設計を行うことが望ましいのか、という点に関して本研究会の考え方を記述する。

(1) 基本的な考え方

① 金融商品から生じる所得の損益通算を毎年拡大していくよりも、初めにあるべき金融税制の全体像を設計したうえで、金融所得一体課税の導入を進めていくことが望ましい

3で述べたように、現行の税制は、金融所得に対する課税に関して、その制度が内包するゆがみによって多くの問題を生じさせている。これは、経済や金融のグローバル化・高度化によるわが国の税制を取り巻く環境、その時々の政治情勢などによって、これまでのわが国の税制が、個々の問題が議論されるたびに対症療法的に変えられてきたからであり、金融所得に対する課税を体系的・整合的に整備するという視点をもった検討が欠けていたからではないかと考えられる。また、「はじめに」で述べたように、金融所得一体課税の導入は、金持ちを優遇するものではなく、わが国の金融所得に対する課税のあり方を抜本的に変えていく観点からの取組みである。このようなことをふまえると、金融所得一体課税を実現するうえでは、現行の税制の延

長線上で、既存の、ある金融商品、ある所得分類の損益通算を毎年少しずつ拡大していくという対症療法的なアプローチをとるのではなく、所得税において金融所得に対する課税を体系的かつ整合的に整備するという視点に立って、金融税制の全体像を初めに設計したうえで、順次導入を図っていくというアプローチをとることが重要であると考える。

　また、金融所得一体課税の制度設計を行うに際しては、利子所得など、所得分類によっては他の金融所得との損益通算ができる上限額に制限を加えるべきであるという意見も散見される。これは納税者における所得の操作の容易性、納税者と税務当局側との情報の非対称性、税収減の防止を根拠としているものと想定される。また、金融所得の損失等を恣意的に発生させ、他の金融所得との損益通算を行うことにより課税を軽減させるなど、租税回避に一体課税を活用するケースも想定されるため、損益通算ができる上限額を設けるべきであるという考え方もある。本研究会でも海外の税制において実際、その制限を行っている事例があることをふまえ、その必要性について議論した。しかし、本研究会の総意としては、(a)金融所得一体課税はわが国の金融所得に対する課税のあり方を体系的・整合的な視点で改めるものであって優遇税制ではないこと、(b)税の中立性および個人の投資行動をゆがませないためにも金融商品ごと、所得分類ごとに差異を設けるべきではないこと、(c)後述するように上限管理を要する税制は簡素性に大きな問題を生じさせることから、あるべき金融税制の全体像を設計するうえで、上限管理を要する税制を導入することは望ましくないと考えた。

② 工程表を作成・提示したうえで、金融所得一体課税の導入を進めていくことが望ましい

　金融所得一体課税の範囲に含めるタイミングが、金融商品または所得分類によって異なると、金融機関側では、同時であれば一度ですむシステムや実務の対応が、その範囲が拡大されるたびに必要となること、さらに個人納税

者側では、現在どの商品が一体課税の範囲に含まれるのか、また、今後どうなるのかが不明確であると混乱してしまうおそれがあることから、金融商品から生じる幅広い所得について、可能な限り同時に金融所得一体課税が適用されることが望ましい。しかし、現実的には一体課税に向けた課題が個別金融商品ごとに異なるため、一体化に向けた準備に要する期間も異なることを考慮する必要がある。

このことをふまえると、金融所得一体課税の実現を図るうえでは、あらかじめ金融所得一体課税の範囲となる目標の年次を金融商品ごと、あるいは所得分類ごとに定めたうえで、順次、工程表に従って導入を進めていくことが望ましい。このような工程表をあらかじめ作成、提示することによって、納税者や金融機関に対して税制改正の予測可能性を高め、かつ金融機関が制度変更に伴うシステムや実務の対応を行う際にあらかじめ余裕をもって中長期的な対応が図れるようになるため、制度の変更に伴う経済的なコストをある程度軽減することができるものと考えられる。

また、この工程表を作成するうえでは、一体課税に向けた個別商品ごとの課題、およびそのための準備に要する期間を勘案しつつも、次の③に述べるように、可能な限り早期に各金融商品から生じる幅広い所得を一体課税の範囲に含めることが望ましい。特に、金融所得一体課税の趣旨をふまえると、資本に対する効率的な税制の構築と現状の金融税制が抱える問題への対応を図るうえでは、国民が投資・貯蓄する手段として広く用いている金融商品や、前述したような現行の税制上大きな不整合が生じている金融商品については早期に一体課税の範囲に含めるべきである。また、ある金融商品を一体課税の範囲に含める際には、移行期間中における税の中立性を確保するためにも、可能な限り、その金融商品と性質が類似する金融商品を同時期に一体課税の範囲に含めることが望ましい。

③ 税の中立性の観点から、国民が広く資産形成のために利用している金融商品から生じる所得を幅広く金融所得一体課税の範囲に含めることが望ましい

　金融所得一体課税の対象には、国民の資産形成の選択や金融機関間の市場競争を税がゆがめないといった税の中立性の観点から、国民が広く資産形成のために利用している金融商品から生じる所得を幅広く含めることが望ましい。また、経済主体の資金調達手段となっていることなども判断基準とする必要がある。加えて、たとえば株式とこれを原資産とする金融派生商品（デリバティブ）のように、一体課税に含まれる金融商品と性格が類似する金融商品についても、中立性の観点から一体課税に含めることが望ましい。その際、予測可能性の確保や制度設計の簡素性の観点から、金融商品取引法や金融商品販売法など既存の関連法令が規制対象としている金融商品との整合性をとることが望ましい。

④ 特定口座制度を活用しつつ、簡素性に配慮した制度設計を行うことが望ましい

　「はじめに」で述べたとおり、金融所得の特色は大量性、多様性、足の速い所得という点にあるので、所得を適切に捕捉して課税を行うためには、簡素でわかりやすい制度であることが必要である。さらに、金融所得一体課税を進めるうえで協力が欠かせない源泉徴収義務者の負担に配慮する観点から、金融システムに大きな負荷を掛けない税制であることが重要である。

　このことをふまえて、制度設計を行ううえでは、課税の実務上、簡素性に大きな問題が生じることが懸念されるような非課税枠・優遇枠の限度額の管理や、金融商品の保有期間の管理を必要とするような制度は極力避けるべきである。さらには特定口座・源泉徴収口座のように、わが国において簡素性を担保するうえですでに浸透した仕組みについて、いっそうの活用を図るこ

とが望ましい。

⑤ 課税の適正化がより図れるような納税環境を整えることが望ましい

金融所得一体課税は、本来、資本に対する効率的な課税の実現を目指すものであるが、他方で、金持ち優遇である、優遇税制である、という批判があることも事実である。

金融所得一体課税の趣旨にのっとり、金融所得を他の所得とは明確に分けたうえで課税ができるようにするためにも、またこのような批判に十分に応えていくためにも、金融所得一体課税の実現に際しては、資料情報の拡充や源泉徴収制度の活用など、課税の適正化がより担保されるような納税環境を整えていくことが望ましい。

(2) 具体的な内容

前節の基本的な考え方をふまえ、各論となる金融所得一体課税の実現に向けた具体的な内容について記述する。

① 「金融所得」概念の創設

金融所得に対する課税を体系的かつ整合的なものにするためには、租税特別措置法において、ある商品から生じる所得の損益通算を個別に認めていくのではなく、初めにあるべき金融税制の全体像を設計したうえで一体課税化を進めていくことが望ましい。そのためには、所得税法の本則に、金融所得をその他の総合課税に課される所得とは明確に分離して課税が行えるような規定（申告分離課税）を設けることが重要である。その一方で、所得税法で規定されている既存の10の所得分類は、法人税法や租税条約など、さまざまな課税に際して利用されているため、当面はこれを存続させることとする。

所得の10分類を残しつつ、金融所得を他の所得から分離して課税を行うことを本則において規定するためには、申告分離課税の対象となる「金融所得」という概念を新たに設け、その範囲を明確に定めることが必要となる。二元的所得税を体系的に導入している北欧諸国（フィンランド、スウェーデン）では、中間概念としての「資本所得」という区分が存在している。またドイツは、金融所得一体課税を行うに際して、「資本所得」（実態は「金融所得」）という所得概念を創出した。

　ただし、所得税法の本則においてこのような規定を設ける場合は、所得税法に加えて他の関連する法令を含め大掛かりな改正が必要になるため、十分な議論や準備期間が必要である。他方で、金融所得一体課税は可能な限り早急に実現する必要がある。そこで、金融所得の概念とその範囲は、最終的には所得税法において規定することを目指すものの、当面は、租税特別措置法において、たとえば、同法内に金融所得に係る課税の特例を創設するなどの対応を図ることが現実的な取組みと考える。

② 「金融所得」の範囲

　金融所得を金融商品から生ずる所得とし、以下、どのような商品を金融商品として分類するかを議論したい。

　資本の効率活用（さらにはそれを前提とした老後の資産形成の促進）を金融所得課税一体化の大きな目的としているので、ある商品を一体課税すべきかどうかの判断基準は大きく2つになる。1つは、その商品が経済主体の資金調達手段であるということ、そしてもう1つが、その商品が国民の資産形成に広く用いられているということである。また、上記観点から金融商品とされるものと同等の効果をもち、容易に代替できるような商品については、中立性・租税裁定防止の観点から、上で記した2つの判断基準からもれるものであっても一体化に含めるべきである。金融所得に対する課税の中立性を確保するためには、このような商品をできるだけ広く金融商品に分類すること

が望ましい。

「金融所得」に含まれる具体的な範囲については、租税法律主義の原則（課税要件法定主義、課税要件明確主義）にのっとり、どのような金融商品から生じるどのような所得がその範囲に含まれるのか、法律に明確に規定することが重要である。具体的には、金融商品取引法や金融商品販売法など既存の関連法令が規制対象としている金融商品の範囲との整合性を図るうえで、これらの法令中に置かれている定義規定における概念を借用しつつ、その範囲を列挙することが望ましい。このような対応を図ることで、新たな金融商品に対する税制上の取扱いがあらかじめ明確にされ、法的安定性と予測可能性が増すこととなる。

加えて、金融技術の進歩に伴う金融商品の多様化に対しては、類似の金融商品が出現してきた段階で別途政令に定めることとし、仮に市場を大きくゆがめるような金融商品が出現した場合には、政令で金融所得に含めることを除外するといった対応を図り、市場の柔軟性と予測可能性との調和を図ることが望ましいのではないか。

金融所得を生じる具体的な金融商品としては、本章(1)の「基本的な考え方」に照らして、預貯金（普通預金・貯金、定期預金等）、外貨預金、公社債（利付債、割引債、仕組債、新株予約権付社債等）、ストリップス債等の割引債類似の債券、投資信託（公社債投資信託、株式投資信託、不動産投資信託（REIT）等）、貸付信託（ビッグ）・金銭信託（ヒット）、株式、新株予約権・抵当証券・その他の有価証券（特定小口債券を含む）、先物取引・オプション取引・カバーワラントなどの金融派生商品、外国為替証拠金取引（FX）、5年満期の一時払養老保険などの一部の保険商品などが考えられる。

また、貴金属（金地金などの現物）については、本書では検討対象としていない。金ETFが東京証券取引所や大阪証券取引所に上場されるなど貴金属と金融商品との垣根が低くなりつつあるという認識はあるものの、貴金属の現物となると、口座・名簿等で管理されていない物も広く含むこととな

り、制度運用上の課題が大きくなることが想定される。不動産投資信託同様、証券として仕組まれたもののみを当面は念頭に置けばよいと考えている。

　検討する必要があるのは、保険の取扱いである。保険には保障の機能があり金融商品とは異なるといった議論がある一方で、一時払養老保険のように定期預金や投資信託に非常に似た性質をもつ商品も含まれており、個人の資産形成のための商品として扱うべき商品が存在することは否定できない。現状では、保険には保険料控除が存在することや、5年以内の一時払養老保険を除き、保険から生じる収益が一時所得あるいは雑所得扱いになっていることなど、他の金融商品との違いがあるものの、将来的には個人の資産形成のために購入される商品を中心に保険商品による金融所得を金融所得課税の一体化の対象に含めることを視野に入れた検討が必要である。

　もう1つ念頭に置きたいものとして、集団投資スキーム（いわゆるファンド）への投資によって生じた所得があげられる。たとえば、信託契約を介して投資をした海外のLimited Partnershipの不動産貸付事業による損益の所得区分について、当該個人投資家は不動産所得として申告し、当局は配当所得として更正処分を行い、東京国税不服審判所は不動産所得にも配当所得にも当たらず雑所得であると判断したケースがある[7]。このように、国内外のファンドからの収益（多様な事業体からの収益）の税制上の扱い（所得区分等）は明確ではなく、予見可能性に問題が生じている。ファンドからの収益については、そのファンドの特性上、金融所得とすべきか、事業所得とすべきか、という点について厳密に区分をしていくことはむずかしいものの、たとえば、米国における代表的なタックス・シェルター規制策である"Passive Activity Loss Rules（PALルール）"において定義されている受動的活動の

---

[7] 平成18年8月14日付判断「週刊税務通信」平成18年10月2日号より。

収益のような所得を金融所得とし、能動的活動による収益のような所得を事業所得として分けるとか、ファンドの性格によって金融所得か事業所得に分けるなど、金融所得の区分をあいまいなままにしておくのではなく、あらかじめ一定のルールによって金融所得として扱う範囲を整理しておくことが望

コラム　上場廃止株式

　株式が上場廃止になると、その株式をもつ投資家はさまざまな不利益を被る。まず、非上場株式は特定口座での保管ができないため、当該株式を特定口座で管理していた場合は特定口座から強制的に放出され、税額の計算や取得原価の管理ができなくなる。また、上場廃止により3年間の譲渡損失の繰延べもできなくなる。そして当然のことながら、株式の流動性が著しく低下し、売却が非常に困難になってしまう。売却ができないということは譲渡損失を実現することができないということになり、大きな含み損を抱えたまま処遇に困る投資家も出てくる。現在の制度でも、投資家が特定口座に保管している上場株式が上場廃止となったうえで、さらに一定の要件を満たしつつ無価値化した場合（①清算結了、②破産手続開始の決定、③会社更生計画または民事再生計画に基づく100%減資、④特別危機管理開始決定（銀行の国有化）のいずれかに該当した場合）には、みなし譲渡損が認められるケースはあるものの、上場廃止という事象だけが発生した場合の、投資家の損失については考慮されないことになる。

　上場廃止リスク、流動性リスクは上場株式につきものであり、投資家は上記不利益を甘受すべきであるともいえるが、投資家が最も困難な局面に陥るときに、税制上、損失が考慮されないことについては、担税力に応じた課税という原則的な考え方からみても改善の余地があるのではないだろうか。「社会通念上の譲渡損失」、あるいは「みなし譲渡損失」（実質的には最終価格での売却と買受けの同時履行）といった概念を導入し損失の実現を認める、あるいは譲渡を擬制するのではなく時価課税を拡張して、上場廃止時には取得価格の洗替えと評価損の実現を認めるといったかたちでの救済を検討してはどうだろうか。

ましい。このように整理することで、課税の予見可能性が高まり、商品の企画側、購入側の双方にとってのリスクが軽減できる。このような方向は、現在わが国の組合税制の所得区分について、通達レベルの規定しかなく法的安定性・予見可能性に問題が生じているが、そのような状況への対応策として問題提起したい。

また、金融商品からの所得を考えるうえで、金融商品の上場廃止や無価値化という点にも触れておきたい。金融商品の上場廃止や無価値化について、特に上場廃止については、近年日本でも多くの投資家が影響を受けるケースが起こっているうえに、今後同様のケースは十分起こりうることをかんがみても、これらをどこまで救済すべきかを含め、今後早急な議論が必要となる。たとえば投資家が上場廃止となる株式を売り抜けることができず、さらにみなし譲渡損としても認められない場合（前述「コラム　上場廃止株式」参照）、譲渡が発生しないため損が実現できず譲渡損失とはならないという問題や、オプションが行使できなかった場合はオプションが価値を失い譲渡損失ではないため株式譲渡益等との損益通算は認められないという問題がある。このような例は、投資を行って最も大きなリスクが発生した際にその損が税法上救済されないので、投資の中立性という観点からも望ましくないものであり、担税力に応じた課税という原則的考え方とも合致しないともいえるのではないか。この辺りは、損と益の取扱いの均衡化という観点ともあわせて検討されるべきではないか。

③　金融所得一体課税の適用時期

金融所得一体課税をどのようなタイミングで、どの金融商品から生じる所得に対して適用していくかについては、あらかじめ商品ごとに一体課税が適用される目標年次を定めた工程表を作成し、それにのっとって一体課税を進めることが望ましい。その際、システム対応等の準備期間を勘案すること、

一般的な投資商品については一体化を急ぐこと、また、性質が類似する金融商品の導入時期はそろえること等を考慮する必要がある。

預金や貯金、公社債、公社債投資信託、外貨預金などの利子所得を生じる金融商品については、国民が広く活用しており、また、利子所得を一体課税の適用範囲に含めることは国民が投資に対してリスクテイクをしやすくするものであり、「貯蓄から投資へ」という政策的要請にも合致するため、早期に一体化の範囲に含める必要があるものと考える。その具体的な時期については、後述する課税方法がどのような取扱いになるかに依存する側面があるものの、銀行預金利子は、システムを含めた実務対応に係る準備期間として一体課税の導入決定から実施まで2、3年程度が必要と想定されることから、かりに金融所得課税の一体化を平成25年から実現することを計画するのであれば、意思決定を遅くとも平成23年度中に行う必要があるということである。その際、特に、証券会社において実質的に預金と同じような特徴をもつ投資信託のMRF・MMF、および相対的に低リスク商品である公社債は、銀行預金との中立性の観点から、銀行預金と同時に金融所得一体課税の対象とすることが望ましい。

また、すでに申告分離課税となっており、投資家数や取引数が比較的少なく、かつ他の金融商品と比べるとシステム面の対応および既存の源泉徴収口座への組入れが比較的容易な証券先物取引やオプション取引など金融派生商品（デリバティブ）については、利子を生じる商品よりも先行して一体化の対象とすることも考えられる。

④　金融所得から控除する経費・損失

これまで、わが国の金融税制では、金融商品から生じる所得から控除できる経費や損失の考え方や判断基準は必ずしも明確ではなく、また利子所得には税制上の経費や損失が認められてこなかった。金融所得に係る経費や損失をどのように判断すべきかについては、これまで必ずしも十分な議論が行わ

れてきたとはいえない分野である。

　個人にとって投資をすることが特別な行為ではなくなるなか、金融所得一体課税の導入により、個人が稼得主体、消費主体であることを前提としてきたわが国の所得税に、投資主体の観点を取り入れ、個人に対する課税のあり方を体系的かつ整合的に再構築することが必要となる。わが国の租税法の考え方は担税力に応じて所得を10に分類したうえで、不動産所得、事業所得、山林所得、譲渡所得に係る損失が生じた場合には他の各種所得から控除することを認める一方、株式譲渡損については株式譲渡益の範囲内でしか損益通算を認めず、雑所得、生活に通常必要でない資産の損失は損益通算から除外するなど、複雑な損益通算の規定を置きつつ総合課税を行うというものである。一方、納税者が個人事業者の場合、事業活動と直接の関連をもち、事業の遂行上必要な費用については必要経費として控除が認められている。その際、家事費、家事関連費という概念を創設して必要経費として認められない経費と必要経費に算入する経費との区分を行っている。さらに、資産損失については、事業の用に供する固定資産等について生じた損失の金額、事業等の遂行上生じた債権等の貸倒損失等に限定して、必要経費への算入を認めている。このように、事業所得については必要経費（資産損失を含む）を認める一方で、給与所得については、その所得を得るためにかかる経費は、基本的に消費行為の一環で生じたものとして扱われ、概算控除としての給与所得控除あるいは特定支出控除以外については必要経費としての控除を認めていない。

　他方で、経済のストック化に伴い、老後の資産形成などを目的とした投資を行う個人がふえた。このような投資行為は個人事業には当たらないものの、現在では一般的に見受けられる行為であり、それに伴う経費や損失も発生している。このような状況の変化に対応するためにも、投資に伴う損失・経費の控除を限定している現行の税制を見直す必要が生じてきたといえる。

そこで、本研究会は、個人を消費主体でもなく稼得主体でもない投資主体という観点から、金融所得を中心にした所得税の再構築の必要性について問題提起をするものである。これは、国民のなかで資産形成の重要性が高まるなかで、稼得主体と消費主体というこれまでの2分法的な所得税のあり方を、投資主体の観点を導入して、個人の投資行為に伴う経費・損失の取扱いを、個人事業者の取扱いと比較しつつ整理し直すという問題提起でもある。このような考え方は、いまだ必ずしも厳密な理論を積み重ねたうえでのものではないため、租税法上どのように位置づけていくか大変むずかしいが、わが国の税制を見直す契機にもなると考え、われわれの考え方を以下で述べてみたい。ちなみに、金融所得一体課税を実現したドイツでは、「貯蓄者概算控除」を創設し、経費相当分を所得から控除している。

　まず、金融商品の取得や譲渡のために直接の関連をもち、所得を得るにあたって必要な経費については経費性を認めるべきである。また、金融商品の取得や譲渡など投資行為に伴って生じる損失についても金融所得から控除すべきである。このような考え方に基づくと、たとえば取引手数料、定期預金の中途解約に係る手数料、ファンド運用に係る投資顧問料、金融先物取引における支払利子、信用取引における貸株料・支払利子、社債のデフォルトによる損失、ペイオフによる損失、ワラントの権利消滅による損失、利付債の償還差損など、前述の要件に合致するような経費や損失については金融所得計算の枠内において控除することが考えられる。

　しかし、金融所得から控除を認める経費や損失については、租税回避行為に十分配慮しつつその具体的な範囲を検討する必要がある。あらかじめ租税回避行為を想定して具体的な措置を規定して個別に控除を否認するか、それがむずかしい場合は、前述の要件に合致する経費や損失の控除を原則的に認めるかわりに、損失の繰延期間に関して一定の制限を行うことも一案である。また、投資のための借入金利子の控除については、当面消極的に対応すべきと考える。

留意すべきは、金融所得の損失については、金融所得一体課税が総合課税である給与所得等からの分離課税を前提としているため、給与所得等その他所得からは控除できないということである。

　いずれにしても、われわれは、このような問題提起をすることに大きな意義があると考えており、今後のさらなる議論を期待したい。

⑤　損益通算を認める範囲

　「(1)　基本的な考え方」でも述べたように、譲渡所得と譲渡損失は中立的に扱われなくてはならない。すなわち、譲渡所得と譲渡損失の損益通算は広く認められるべきである。特に本書で取り上げている金融所得課税一体化は、文字どおり金融所得を一体としてとらえることを提案しており、金融所得内での損益通算（金融所得概念が本則に規定された後は「損益通算」は「内部通算」を意味することになる。ただし、本書では一般的に使われている「損益通算」を用いる）は広く認めることを目指すものである。貯蓄から投資へ、金融資産のリスク資産へのシフトが望まれているなか、国と投資家がリスクをシェアするという観点からも、譲渡所得と譲渡損失の課税上の中立性に対してさらなる配慮が必要であろう。しかしながら、現行制度からの移行、あるいは実務上の制約から、損益通算の実現までには一定の期間を要すると思われる所得がある。また、株式譲渡所得と利子、配当といった経常所得の損益通算については、無制限の損益通算に対し懐疑的な意見もある。この論点は、損失繰延べの期間とも深く関連するものである。

　ここで、金融所得の特性についてみてみたい。金融所得には、おもに経常所得と譲渡所得の２つがあり、両者の通算を広く認めるべきかについては議論があるところである。譲渡所得は複数年累積した所得や損を恣意的なタイミングで実現できるため、経常所得の範囲内で損を小出しにすることによって相殺し課税を逃れることが可能になるということが問題視されている。

　再三述べているとおり、譲渡所得と譲渡損失は中立的に扱われるべきであ

り、譲渡損失が税務上無視されるような制度設計は基本的に望ましくない。一方で、譲渡所得が低率の比例税率に服しながら、譲渡損失は累進税率に服する勤労所得などと通算できるという制度もまた望ましくない。

　諸外国の制度をみると8、上記のような点に留意して、譲渡損失の損益通算には各国の税制に応じて各国各様の制限が設けられている。米国では、譲渡損失と勤労所得を含むその他の所得との通算は3,000ドルを限度に認められている。英国では、譲渡損失と譲渡所得以外の所得の通算は認められない。ただし、両国とも譲渡損失は無制限に繰延べが可能となっており、発生した損が税務上無視されることはない。フランスは、英国と同様譲渡所得内での損益通算しか認められておらず、損失の繰越しが10年までに限られている。二元的所得税を導入しているスウェーデンでは、譲渡所得と相殺しきれなかった譲渡損失はその70％をその他の資本所得と相殺できる制度になっている。ただし、金融所得がマイナスになる場合は、地方所得税、国の所得税、不動産税の順で税額控除ができるかわりに、控除しきれない場合も損失の繰越しが認められない。同じ二元的所得税導入国でもノルウェーでは、資本所得内での相殺を認めたうえで、10年間の繰越しが認められている。このように、取扱いは国によりさまざまである。

　翻ってわが国税制をみると、公社債投資信託の譲渡益は非課税、株式および株式投資信託の譲渡損益は、お互いの損益通算は可能、利子との損益通算は認められていない。店頭取引での外国為替証拠金取引やオプションなどから生じる所得は雑所得として分類されており、株式および株式投資信託の譲渡損益との通算も認められていない状況である。損失の繰延べは上場株式にのみ3年間認められているにすぎない。

　金融所得課税一体化を進めるにあたっては、まず譲渡所得と譲渡損失の通算は広く認めるべきである。次に現在雑所得として課税されているもので金

8　平成16年2月13日政府税制調査会金融小委員会資料より。

融所得とすべきもの、さらに、公社債の譲渡益にも課税するのであれば公社債の譲渡損益についても損益通算を認めるべきである。他方、譲渡損失と勤労所得との通算は認めるべきではない。一方、冒頭で述べたように譲渡所得と譲渡損失を中立的に扱うという観点から、譲渡損失の繰延べについては可能な限り長期に認めることが望ましい。このことは個人に課税資料をどの程度保存する義務を課すかということとも関連がある。

　そのうえで、譲渡所得以外の所得との損益通算についてどう考えるかを検討する必要がある。上記5カ国の例をみる限りでは、各国の税制に応じて各国各様の制限が設けられている。しかし、わが国における資本の有効活用、老後の資産形成、投資を促進しリスク資産を所有しやすくするといった政策的要請にかんがみると、リスク資産を保有することによって比較的安定的に得られる配当、あるいはリスクフリー資産から安定的に得られる利子を広く損益通算の対象とし、通算しきれなかった譲渡損失についても可能な限り長期の繰延べを認めることが望ましい。つまり、勤労所得との損益通算は遮断し、金融所得間ではなるべく上限なしで通算を認めることを基本哲学とすべきである。

⑥　損益通算の方法

　ここでは、移行期間の要請に応じた金融所得課税の一体化の段階的な導入を提案するとともに、譲渡所得と経常所得の損益通算、損失繰延べの期間についての論点整理をしたい。

　まず、現在分離課税されている金融所得の間においては、システム対応にかかる一定期間を考慮したうえで、確定申告による損益通算を早期に認めることが可能であろう。これらの所得は、通常の還付申告と同様に源泉徴収された税額を示す通知書を添付して申告することで、損益通算を認めることができる。このような取扱いについては膨大な口座数等から預貯金利子の扱い

が議論になるが、これは預金者に対する通知書の発行を預金者の申請があった場合に限って行えば問題はないと思われる。後述するように、2009年から始まったドイツの金融所得一体課税はこの方法をとる。

そのうえで、「⑦　課税方式」で後述するように、金融所得を順次申告分離課税へ移行することで、確定申告による損益通算が広く認められるようになる。

さらに、源泉徴収ありの特定口座で扱える商品については、源泉徴収段階での損益通算を認めることができるだろう。現在の特定口座制度は、株式や株式投信の譲渡益のみを扱っており配当等の経常所得は扱っていないが[9]、同一口座で保管する証券等について、譲渡や信用取引による所得を金融機関が計算し通算したうえで源泉徴収する仕組みとなっており、納税者・徴税側双方にとって簡素性と正確性においてきわめて優れた制度である。確定申告は非常に手間がかかるうえ、年末調整があるわが国においては一般的になじみの薄いものである。確定申告による損益通算を認めるだけでは金融所得課税の一体化が実際には利用されず、効率的な金融市場の実現や老後の資産形成の支援といった当初の政策目的が達成されない可能性がある。そこで、すでに広く普及している源泉徴収口座を活用し、そこで保管されている金融商品については簡便な損益通算を認め、将来的には源泉徴収口座で保管することのできる商品を広げることで、金融所得の一体課税を、より使いやすい制度として定着させていくべきである。このような税制は世界に類をみない簡便な税制である。

2009年に始まったドイツの金融所得一体課税はこの方法を先取りしたものともいえる。ドイツでは、投資家がドイツの金融機関に本人確認された口座を有し、そこを通じて預金、株式売買等を行う場合には、そこから生じる利子・配当・株式譲渡損益等について、金融機関がすべて口座のなかで通算

9　租税特別措置法37条の11の3、11の4。

し、最終的な所得を25％の税率で源泉徴収し、税務署に納付する。本人は申告不要である。他方、自らの所得に係る限界税率が25％以下の納税者は、税務署に還付申告を求めることができる。このような制度を導入する背景は、貯蓄・資本の国外流出を懸念したドイツ銀行業界が、簡素で確実な税制の導入を働きかけたということである。

損益通算の方法としては、源泉徴収口座の場合は、口座内の損益通算を金融機関が行うことで、納税者は申告不要で課税関係を終了する。源泉徴収口座以外の口座を保有する納税者については、申告分離により納税を行うため、金融機関から交付される支払通知書や年間取引報告書を添付して確定申告を行うことで、損益通算を行うことになる。

複数の金融機関に源泉徴収口座を保有する場合、損が生じている口座と益が生じている口座間の損益通算の方法が課題となる。源泉徴収口座において金融機関による損益通算が可能な金融所得は、自社内の口座において生じた金融所得に限られるため、複数の金融機関の源泉徴収口座を跨いだ損益通算を納税者が希望する場合には、源泉徴収口座を選択している場合であっても、確定申告が必要となる。また、銀行預金が金融所得一体課税の対象範囲となれば、証券会社と銀行の源泉徴収口座間で損益通算をするため確定申告を行う必要がある。納税者が急増すると予想される。

複数の金融機関の源泉徴収口座を跨いだ損益通算を行うために確定申告が急増するような制度は、簡素性の観点から大きな問題が生じるため望ましくない。複数の源泉徴収口座を跨いだ損益通算を行う場合は、納税者は簡素に納税をすませるために、納税者側に自らが保有している口座情報を開示しようとするインセンティブが働く。そのうえ、金融機関側では源泉徴収により課税ずみであるため、納税者が指定した口座を管理するだけですむともいえる。

今後は、銀行の源泉徴収口座の預貯金利子と、証券会社の源泉徴収口座の株式譲渡損などを通算したい納税者に対して、そのニーズに対応するため

に、金融機関が、金融グループ内の金融機関や提携先との間で、複数の源泉徴収口座間の損益通算を行うサービスを提供するようになることも想定され、納税者が損益通算を行うために確定申告を行うというケースはある程度抑えられることも想定される。しかし、そのようなサービスを提供できる金融機関は限られている。したがって、税制が金融機関間の競争に影響を与える問題を回避するとともに、個人投資家の納税負担を軽減するという観点からは、後述の「金融所得確認システム」（仮称）を構築することにより、簡素な仕組みを工夫することが考えられる。

次に、金融所得一体課税の制度において、金融所得の損益通算の範囲に制限を設けないことの妥当性について述べる。「(1) 基本的な考え方」でも述べたように、金融所得一体課税の趣旨に沿い、金融所得の損益通算を認める範囲には、制限を設けないことが望ましい。

以下、かりに損益通算に制限を設ける場合の、課税実務面からの問題点を指摘し、その妥当性を判断したい。

利子所得の損益通算について一定額の制限を設けた場合には、次のような問題が生じる。ある金融機関側では他の金融機関の口座状況を知りえず、かつ金融機関間で広く横断的に口座情報をやりとりすることは、顧客との情報管理に関する契約、ならびに金融機関間の競争上から考えにくいので、ある納税者が税法上認められる範囲内で損益通算を行っているかどうかの管理は、金融機関側では行えず、基本的には納税者側での管理に委ねることになる。

その際の実務的な対応としては、ある納税者の金融所得への課税に際して、(a)金融機関側では損益通算が税法上認められる範囲内かどうかにかかわらず損益通算を行ったうえで課税を行い、認められる範囲を超えて損益通算を行った納税者は別途確定申告を行う方法と、(b)源泉徴収口座であっても金融機関側では損益通算はいっさい行わず課税を行い、損益通算を行う際には

納税者からの申告を必要とする方法の2つが考えられる。

　前者の方法では、比較的多数の納税者がその制限に抵触するような場合には、多くの納税者に実質的に確定申告を行う必要が生じ、源泉徴収口座の利便性が大きく損なわれる。また、納税者が適切に申告を行うための、金融機関・税務当局側の税務執行コストの増大が懸念される。さらには申告漏れが懸念されるなど課税の適正化の観点からも問題が生じるおそれがある。

　後者の方法では、源泉徴収口座を選択していても、損益通算を受けるためには選択的とはいえ申告が必要になるため、源泉徴収口座の趣旨を大きく損なうことになりかねない。

　以上をふまえると、損益通算に制限を設けることは、実務的な観点からみても、適正な申告を確保するという観点からも、さらには源泉徴収口座という国民に広く浸透したインフラの活用といった観点からも望ましくないと考える。

⑦　課税方式

　金融所得に対する課税を一体化するということは、金融所得を分離課税とすることによって他の所得との関係を断つことにほかならない。したがって、金融所得に対する課税方式は、一律に申告分離課税とすることが望ましい。そのうえで、課税インフラの整った源泉徴収口座での取引については、申告不要を認めることによって、事実上の源泉分離課税とすることがわれわれの提言する一体課税の姿である。

　また、課税の適正化の観点から、金融所得には源泉徴収制度を活用することが必要で、利子や配当など、現在、源泉徴収されている所得については源泉徴収を続けることになる（図表2）。

　金融所得一体課税の課税方式を上で述べた方式にした場合、利子と配当の課税方式が変更されることになる。

図表２：金融所得一体課税実現による個人金融所得税制の変化

【現行】※2008年度税制改正の後、税制改正がなかった場合の2011年以降の税制

商品名	利益の内訳・種類	所得区分	課税方法
預貯金	利子	利子所得	源泉分離20％
外貨預金	利子	利子所得	源泉分離20％
	為替差益	雑所得	為替予約なし　総合課税
			為替予約あり　源泉分離20％
割引債	償還益	雑所得	発行時に源泉分離18％（一部16％）
	譲渡益	譲渡所得	非課税
利付債（利付外債を含む）	利子	利子所得	源泉分離20％
	償還益	雑所得	総合課税
	譲渡益	譲渡所得	非課税（損失控除不可）
割引債に類似する一定の公社債、国外発行の割引債等	譲渡益	譲渡所得	総合課税
公社債投資信託	解約・償還益	利子所得	源泉分離20％
	期中分配金	利子所得	源泉分離20％
	譲渡益（買取請求）	譲渡所得	非課税（損失控除不可）
貸付信託（ビッグ）金銭信託（ヒット）	収益金	利子所得	源泉分離20％
上場株式等（株式投資信託を含む）	譲渡益	譲渡所得	20％の申告分離課税（源泉徴収）※源泉徴収口座の選択可能
	配当（大口を除く）	配当所得	20％の源泉徴収※総合課税、申告分離、申告不要の選択
その他の株式（未公開）（特定小口債券を含む）	譲渡益	譲渡所得	20％の申告分離課税（源泉徴収）
	配当（1回10万円以下）	配当所得	20％の源泉徴収※総合課税、申告不要の選択

		配当(1回10万円超)	配当所得	総合課税（20%の源泉徴収）
新株予約権付社債		譲渡益	譲渡所得	株式等と同じ
不動産投資信託（REIT）		譲渡益	譲渡所得	株式等と同じ
		分配金	配当所得	株式等と同じ（ただし、配当控除はなし）
抵当証券		譲渡益	雑所得	総合課税
		利息	雑所得	源泉分離20%
集団投資スキーム（いわゆるファンド）	SPVが法人、投資信託（公社債投資信託および公募公社債等運用投資信託を除く）、特定目的信託の場合		配当所得	株式等と同じ（ただし、配当控除はなし）
	SPVが公社債投資信託、合同運用信託、公募公社債等運用投資信託の場合		利子所得	源泉分離20%
	SPVが任意組合の場合		SPVの収益内容による	SPVの収益内容による
外国為替証拠金取引（FX）		取引所を通じて得た利益	雑所得	20%の申告分離課税
		店頭取引による利益	雑所得	総合課税
証券先物取引・商品先物取引・オプション取引などの金融派生商品		差金決済の利益	雑所得	20%の申告分離課税
カバードワラント		譲渡による損益	譲渡所得	総合課税
5年満期の一時払養老保険などの一部の保険商品		受取保険金と保険料の差益	雑所得	源泉分離20%

（出典）　大和総研編「2008年度版　税金読本」等に基づき事務局にて作成した。

【金融所得課税の一体化実現後】 ※2011年以降。変更箇所は、網掛け

商品名	利益の内訳・種類	所得区分	課税方法
預貯金	利子	利子所得	金融所得　原則 20％の申告分離課税（注1、2、3）
外貨預金	利子	利子所得	
	為替差益	雑所得	
割引債	償還益	雑所得	
	譲渡益	譲渡所得	
利付債（利付外債を含む）	利子	利子所得	
	償還益	雑所得	
	譲渡益	譲渡所得	
割引債に類似する一定の公社債、国外発行の割引債等	譲渡益	譲渡所得	
公社債投資信託	解約・償還益	利子所得	
	期中分配金	利子所得	
	譲渡益（買取請求）	譲渡所得	
貸付信託（ビッグ）金銭信託（ヒット）	収益金	利子所得	
上場株式等（株式投資信託を含む）	譲渡益	譲渡所得	
	配当（大口を除く）	配当所得	
その他の株式（未公開）（特定小口債券を含む）	譲渡益	譲渡所得	
	配当（1回10万円以下）	配当所得	
	配当（1回10万円超）	配当所得	
新株予約権付社債	譲渡益	譲渡所得	
不動産投資信託（REIT）	譲渡益	譲渡所得	
	分配金	配当所得	
抵当証券	譲渡益	雑所得	

		利息	雑所得
集団投資スキーム（いわゆるファンド）	SPVが法人、投資信託（公社債投資信託および公募公社債等運用投資信託を除く）、特定目的信託の場合		配当所得
	SPVが公社債投資信託、合同運用信託、公募公社債等運用投資信託の場合		利子所得
	SPVが任意組合の場合		SPVの収益内容による
外国為替証拠金取引（FX）	取引所を通じて得た利益		雑所得
	店頭取引による利益		雑所得
証券先物取引、商品先物取引、オプション取引などの金融派生商品	差金決済の利益		雑所得
カバードワラント	譲渡による損益		譲渡所得
5年満期の一時払養老保険などの一部の保険商品	受取保険金と保険料の差益		雑所得

> ファンドを金融商品としてどこまで取り込むかは、今後議論が必要である。

（注1） 利子所得および金融類似商品から生じる雑所得については、原則、源泉徴収制度は維持する。
（注2） 上場株式等から生じる譲渡所得、配当所得など、申告不要制度が採用されている場合は、当該制度を維持する。
（注3） 配当所得について、現在の配当控除を廃止し、二重課税の調整のために、配当所得の一部を課税所得とする。

a　利子所得の課税

　まず、現在、一律源泉分離課税となっている利子は、源泉徴収されることは変わらないものの、他の金融所得同様、申告分離課税となるため、損失が生じた場合には、納税者は申告することで還付を受けることができる。この点に関連して、金融所得に対して基礎控除を含め各種所得控除を認めるべきかが論点となる。所得控除は、納税者や扶養親族の世帯構成、その他納税者の個人的事情から一定の所得部分は担税力をもたない、あるいは担税力を弱めることを考慮するために設けられている。所得控除は、総所得金額から差し引くなど順序が決まっているため、金融所得以外の所得がある場合は大きな問題とならないと想定されるものの、今後高齢化の進展に伴って増加すると想定される、金融所得のみを糧に生活する個人納税者に対して、所得控除を認めるかどうかを検討する必要がある。このような納税者に対しても担税力を減殺する要因となる事象があれば、税制上考慮すべきであるという考え方（とりわけ、災害時の雑損控除や高額な医療費負担に係る医療費控除についての問題）がある一方、所得控除は基本的には総合課税を前提にして設けられており、またおもに金融所得で生活している個人納税者に加え、学生や子供、失業者など収入がほとんどないものの銀行口座をもつ個人納税者が行う還付申告に対応するためには、膨大な事務コストが掛かることから、比例税率で分離課税される金融所得に対して所得控除を認めるべきではない、という考え方もある。この論点について、今後の検討課題として指摘したい。

b　配当所得の課税

　配当所得は、総合課税が原則となっている。大口株主[10]ではない株主は確定申告を行う必要がないとされているものの、それはあくまでも手続の簡便のための例外的措置であり、原則は申告のうえ配当控除を受ける仕組みとなっている。これは、配当所得は、事業参加性のある所得として、利子所得と

---

[10] 発行済株式の総数または出資金額の5％以上に相当する数または金額の株式または出資を有する個人。

は異なる取扱いが必要になるためである。また配当控除については、配当に対する課税が法人税と二重課税の関係にあることから、総合課税の枠組みのなかでそれを調整するための方法として認められている。

　大口株主においては、必ず配当所得を申告して総合課税に服する必要があるとされている。これは、先述のように、出資の事業参加性にかんがみ、事業所得として課税すべきであるという考え方に加え、同族会社等において、給与所得を配当に付け替えることで、相対的に低い実効税率を享受することを防ぐためとされている。

　このように現在、配当所得は総合課税が原則となっているものの、一体課税後には、配当も原則分離課税となるため、ここでは、総合課税を維持する必要があるかどうか、配当控除は妥当であるかどうかについて、検討を行いたい。

　まず、大口株主以外の配当所得に対する課税方法について検討を行いたい。これら株主に対する配当所得については、その事業参加性が低いと考えられる点を考慮すると、総合課税を維持する必要はなくなる。また、二重課税の調整という観点から考えた場合にも、調整方法には、法人税段階での配当の損金算入を行う方法や、個人段階における配当所得への課税に際して、配当所得の一部について課税する方法などの選択肢もあるため、総合課税を維持する必要はないと思われる。つまり、総合課税以外で二重課税の調整を行う方法として、法人における資金調達手段への中立性の観点から（後述「コラム　資金調達手段に対する中立性」参照）法人段階で配当の損金算入を認める場合は、配当原資については法人段階では課税されないこととなるため、二重課税が解消される。また、現行の税制のように個人の段階で調整を行う場合も、個人が受け取る配当所得の「一部」を課税所得にするという方法で二重課税の調整が図れる、ということである。

　また、配当に対する二重課税の調整という観点からみると、配当への税率が十分低くなった現在では、前述したような調整を行わなくても、分離課税

のもとで二重課税は実質的に解消されると理解すべきだとの現実的な見解もある。つまり、法人税の実効税率が40％、分離課税の税率を本則の20％とすると、配当に対する実質的な税率は、約50％（法人税：40％＋個人での配当課税：（1－0.4）×20％＝52％）であることとなり、これは所得税の最高税率（住民税込みで50％）とほぼ同一の税率となっている、ということである。

　いずれにしても、配当を原則申告分離課税することについては、問題がないと考える。

　次に、大口株主の配当所得への総合課税を維持すべきかについて検討したい。大口株主における配当所得の事業所得性については、多くの者が認めるところである。特に閉鎖会社においては総合課税の維持が必要であるとの見解も有力であり、全面的に分離課税へ移行するには高いハードルがある。しかし現行税制の、5％以上の出資が大口株主の判断基準として妥当かどうかについては議論の余地がある。また、給与所得の配当所得への付替えという観点からも、5％程度の出資では生じないのではないかという見解もある。大口株主への対応という観点からは、配当課税を全面的に分離課税へと移行することはむずかしいものの、大口株主の定義を見直し、出資比率基準の引上げや株主の数などをもとに、実害のありそうな株主に限定して総合課税を維持し、配当課税の原則は分離課税とすることは可能だと思われる。

　なお、配当課税の特殊性については、配当所得の相対性という観点から疑問を呈することもできる。配当を法人の側からみると、利子との類似点がみえてくる。配当も利子も、法人が資金をもとに生み出したキャッシュフローを投資家の投資形態に基づいて分配しているものだという点では同じである。そのような観点からは、利子と配当で異なった課税を行うことは合理的ではなく、相対的に税務上有利な借入れに資金が偏り、企業の財務構造をゆがめるといった議論があることにも注目すべきであろう。

　ところで、平成20年度の税制改正によって、上場株式等の配当所得には申

コラム　資金調達手段に対する中立性

　本書は個人所得税における金融所得課税の一体化を検討するものであるが、配当所得と利子所得については、法人税においても両者の税制上の中立性が問題として指摘されている。

　利子は法人税の課税標準を計算するにあたって損金算入されるのに対し、配当は利益処分として税引後利益から支払われる。したがって経営者が資金調達を行うにあたり、税制上有利である借入金を選好するなど、税制が経営判断にバイアスを与えかねない。

　配当の税法上の扱いの問題は、これまでもしばしば配当の二重課税の問題として議論されてきた。しかし、このような二重課税に焦点を置いた問題意識では、法人における負債比率、つまり、借入金に有利な税制が法人の過少資本を促しかねないという点について焦点が当たりにくい。税制が法人における過少資本を促しかねないという点も含めて配当への二重課税の問題を調整するためには、法人段階での配当の損金算入など、法人段階での調整を検討する必要があるともいえる。

　利子と配当に対する課税のアンバランスの問題はまた、人材の有効活用という観点からも歓迎できない。法人段階での利子優遇は、たとえばハイブリッドな金融商品を工夫するといったように、企業にタックスプランニングや租税回避の機会を与えている。そのスキームは、当局による否認を受けるたびに複雑化し、ごく一部の優秀な人間にしか理解し開発できないものになっている。しかもそのスキームは、節税以上の意味をもたないものとなっており、優秀な人材が、このような建設的でない業務に従事するという事態に陥っている。

　このように、利子と配当に対する課税のアンバランスは、企業の資金調達をゆがめる可能性があるだけでなく、人材の有効活用という観点からも問題を引き起こしており、早急な対応が必要である。また、配当の二重課税の解消は、投資家にとっても好ましいことであり、海外からの投資を促進する働きも期待できる。

告分離課税を選択できる申告分離課税制度が創設され、確定申告によって上場株式等との損益通算が認められることとなった。

このことは、前述の「配当に金融所得一体課税を適用するうえでは、配当を原則として分離課税に改めるべきではないか」という本研究会の見解にある程度沿ったものであると考えられるが、本研究会では、金融所得一体課税をさらに推進していくべきとする立場に立ち、大口株主以外の個人納税者の配当所得への課税について、「本則分離課税に変えること」と「配当控除の廃止」を提言したい。なお、大口株主については、給与所得の配当所得への付替えの可能性が否めないことを勘案すると、総合課税を維持することが必要であり、この観点から大口株主については配当控除を残すことも考えられる。

配当控除は、法人税は所得税の前取りであるという前提に立ったうえで、配当所得に対する二重課税を調整するための措置である。そのため、大口株主以外の個人納税者の配当所得に対しては、二重課税の調整が図れるのであれば、本則分離課税に変えること、配当控除を廃止することも妥当であると考える。

二重課税の調整方式としては、配当控除による方法以外にも、法人と個人との間で二重課税を厳密に調整するインピュテーション方式や、法人の段階で配当の損金算入を認める方式、あるいは支払配当について法人税を軽課することでその調整を行う支払配当軽課方式、またかつてのドイツやフランスで導入されている配当所得の「一部」を課税所得とすることによって実質的な調整を行う方式が存在する。また、法人税または個人における配当所得に対する税率が十分低くなっていることから、実質的に二重課税はほぼ解消し

---

11 当該措置は、法人実効税率の引下げと課税ベースの拡大を柱とする法人税改革の一環として法人税改革法案に含まれている。具体的には、法人税率の引下げ、営業税率の課税指数の引下げ、営業税の損金算入の否認、定率償却制度の廃止、支払利子費用の損金算入の制限などの措置が法案に盛り込まれている。

ているという考え方もある。ドイツでは2009年1月1日以降、金融所得に対する課税方式を25％の分離課税（申告不要）とすることに伴い、事業投資として保有している株式からの配当を除き、現行の二重課税調整措置は廃止され、配当所得は全額課税所得となった[11]。

　金融所得課税の一体化を行ううえでは、金融所得間の税率をそろえることが重要であると考え、本研究会では、二重課税の調整を行うのであれば、ドイツで2009年まで行われていた配当所得の2分の1〜4分の3を課税所得とする二重課税の調整方式を有力な選択肢として考えている。

⑧　税　　率

　本則に規定される金融所得の概念に含まれる金融商品から生じる損益を合算したうえで、所得が生じている場合には、その所得に対して比例税率で課税を行う。具体的な税率については実にさまざまな要望、考え方がある。投資・資産形成の促進のため10％を維持したうえで損益通算を行うべきというもの、損益通算をすれば税収が減るので税収中立を前提にたとえば15％を1つの目安とすべきというもの、軽減税率の廃止に伴い損益通算を導入するのだから税率は20％に戻すべきというものが代表的なものだと思われる。

　極端な金融所得課税軽課は、金持ち優遇であり不公平だ、という主張を増幅させるであろう。一方で、配当や株式譲渡益に対する税率が現在の2倍になるというのは投資に対する大きな抑制効果が予想される。特に配当については、前述したような二重課税の調整および個人投資家の育成・株式長期保有の促進等の政策的な要請から、なんらかの軽減税率を考える正当性がある。他方で、金融所得課税の一体化を行ううえでは、金融所得同士の税率をそろえるということがきわめて重要になる。

　いずれにしても、軽減税率の廃止に伴い特例措置が終わる平成24年からは、本則税率である20％を基本とすべきであろう。ただし、配当所得について二重課税の調整が必要と考える場合は、現行の優遇税制である10％または

所得税の最低税率(国・地方あわせて15%)を考慮して、配当所得のうち2分の1〜4分の3の所得を課税所得とすることにより実質的な税率を10〜15%とすることも検討すべきであろう。

⑨ 金融所得に対する課税額の納付方法

現在、銀行預金で生じる利子に対する課税分のうち、地方税部分である利子割については、その利子が生じた預金口座が開設されている銀行の支店所在地をもとに、地方税が納税されている(営業店ベース)。その一方で、配当や株式譲渡益に対する課税分のうち、地方税部分である配当割、株式等譲渡所得割については、その所得を得た納税者の住所地をもとに地方税が納税されている(住所地ベース)。そのため、口座の開設状況によっては、利子と配当、株式譲渡所得の地方税の納付先について不整合が生じることが想定される。このことは、損益通算を行う過程において、どこの地方自治体にどの程度納税を行う必要があるのかが明確に特定できなくなる、という大きな問題を生じさせる。そこで、利子割、配当割、株式等譲渡所得割の納付方法をそろえること、具体的には、利子所得に対する地方税の納付先を、現状の営業店の所在地ベースから納税者の住所地ベースに変更することが必要になる。この変更にあたっては、金融機関側の事務負担やシステム対応負担が大きいことに配慮して、その変更方法や準備期間を検討することが求められる。さらには、金融所得については、国税に一本化することも検討すべきである(後述参照)。

⑩ 納税環境

金融所得一体課税の実現に際して、課税の適正化と納税者の利便性の向上を図るためにどのような納税環境を整備すべきかについて、源泉徴収制度、資料情報制度、番号制度に関して順に記述する。

a　源泉徴収制度

　源泉徴収制度は、所得が生じた時点で課税を行うため、課税漏れが生じにくいきわめて優れた制度であるといえ、現在においても十分機能している制度であるといえる。さらに、金融所得一体課税では比例税率の分離課税が基本となるため、源泉徴収口座を選択していれば、口座内の金融所得は源泉徴収が行われ申告不要で課税関係が終了することとなる。そのため、源泉徴収制度は、金融所得一体課税の制度のもとでも、その機能を発揮することができる制度であり、この制度の活用を図ることが望ましい。

　この点をふまえると、金融所得一体課税が実現した際にも、現在、源泉徴収が課されている利子、配当などの所得については源泉徴収制度の適用を維持する一方、譲渡所得など取得価格の計算を行ったうえで所得計算するため源泉徴収の適用がむずかしい所得については、源泉徴収を義務づけないようにすべきであろう。

　また、わが国においては、納税者および税務当局双方における納税執行の簡素性と正確性に優れた源泉徴収口座が、すでに個人投資家のインフラとして定着している。この仕組みは、前述したように、通常であれば源泉徴収の適用がむずかしい所得についても、金融機関側が納税者にかわりその計算および納税を行うものであり、源泉徴収口座を活用することで源泉徴収制度がより有効に機能することをふまえると、源泉徴収口座の積極的な活用を図ることが望ましい。そのためには、金融所得一体課税の対象商品は、原則的にすべて源泉徴収口座への受入れを可能とすることが望ましい。

b　資料情報制度

　資料情報に関して、現行制度上は、国内において証券投資信託の収益分配金の受取りや剰余金や利益の配当、剰余金の分配の受取りをする場合に、金融機関に対して、税務当局への支払調書の提出・納税者への支払通知書の交付が義務づけられている。

　一方、現在、普通預金・普通貯金については膨大な口座数を考慮して、一

律源泉分離課税のもとで税務当局への支払調書および納税者への支払通知書の提出を要しない扱いを受けている。しかし、法定支払調書は、課税の適正化の観点からは、すべての金融所得が生じた場合において提出することが望ましい。したがって、預貯金利子についても、金融所得一体課税が適用されれば支払調書の提出はすべきである。一方、支払通知書は、膨大な口座数が存在する預貯金利子についても交付義務が課されることになれば、対応するために長い期間・多大な費用を要する。とりわけ、預貯金口座には、口座として開設されているものの、現実には休眠口座となっているものも多いため、その保有権の所在確認を行い、漏れなく通知書を交付するためにかかる社会的コストは膨大である。

　そこで、利子を早期に金融所得一体課税の適用範囲に含めることの社会的な重要性と、非常に多く存在している預貯金口座のすべてについて支払通知書を交付するための社会的コストの大きさを勘案すると、交付義務に一定の例外を認めることが現実的である。

　具体的には、休眠口座のように金融機関側で口座の保有主の所在地が明確に特定できない状態になっているもの、または、金融機関からの呼びかけに対しても口座保有者からの支払通知書の請求がないものについては、交付を義務づけない、あるいは口座保有者が損益通算などの申告に伴い支払通知書の交付を希望する場合のみに交付するという対応が考えられる。休眠口座であっても、その口座から生じる利子は源泉徴収されているため、課税漏れは生じない。また、支払調書がすべて税務当局に提出されれば申告の適正性を確認することは可能である。

　なお、支払調書の提出と支払通知書の交付義務の範囲については、中立性の観点から、銀行口座と証券口座の取扱いを可能な限り統一することが望ましい。

　また、平成20年度税制改正により、これまで年間取引報告書の提出が不要であった源泉徴収口座についても提出が義務づけられた。ここで、源泉徴収

口座に受け入れられる金融商品の範囲を拡大していくことにより、当該口座が多くの金融所得をカバーするようになれば、税務当局側も個別の支払調書の名寄せ結果ではなく、年間取引報告書の総額で申告内容の妥当性を確認できることになる。このような対応により資料情報制度の拡充を図り、金融所得に係る取引が発生した場合には、すべての取引について資料情報が提出されることで、よりいっそう課税の適正化が図られる。

c 番号制度

金融所得の本人確認を正確に行うという観点からは、番号制度[12]を導入しなければならないという点がよく議論されている。新しい政府税制調査会でも、税と社会保障共通の番号制度の導入と、金融所得一体課税の推進が同じ項目のなかで取り扱われており、両者の関係性についてあらためて整理が必要と考えられる。

番号制度は所得情報を最も効率的に名寄せできる制度の 1 つであり、税務行政において、きわめて有効なツールとなることは間違いない。他方で番号制度については、プライバシーの問題、個人情報保護の問題等さまざまな論点があり、その導入は容易ではない。このように考えると、まずは番号なしでどの程度の金融所得の一元化が可能か、徹底的に考えてみることが必要となる。

番号制度の必要性について、本研究会のスタンスを述べる。平成19年に本研究会が公表した報告書では、「番号制度は課税の適正化、納税に掛かる税務執行の負荷軽減に資するものであるため、その導入については、基本的に歓迎する。その一方で、金融所得一体課税の実現のためには、番号制度の導入が必須条件であるという議論は正確性を欠くものである」との見解を述べ

---

12 本書における番号制度とは、金融所得に対する課税を行うために、すべての納税者に全国一律の番号を付与したうえで、納税者が取引の相手方に自らの番号を告知し、取引の相手方が作成する課税資料情報にその番号を記載することと納税者が申告書に記載することを義務づけ、税務当局が番号をキーに資料情報の名寄せおよび申告書とのマッチングのために利用する制度を指している。

た。

　平成20年度にも、あらためて金融所得一体課税を実現する際の番号制度の必要性について、おもに実務面を中心に検討を行った結果、金融所得一体課税を実現するうえで、番号制度の必要性は増しているといえるものの、平成19年度の見解を大きく変える必要はないのではないかという結論に至った。つまり、番号制度の導入は、課税の適正化、税務執行に掛かる負荷軽減の観点でおおいに歓迎するものではあるものの、金融所得一体課税の必須条件であると位置づけることは望ましくない、というものである。

　番号制度は、所得情報を効率的に名寄せできる仕組みの1つであり、適正な税務執行に際してきわめて有効な手段である。他方で、番号制度については、以前からその導入が検討されてきたものの、導入コストの問題や国民感情などにより、その導入は容易ではない。もっとも、後述するように、民主党政権のもとでは、税・社会保障共通番号として議論が進んできている。しかし、実際の導入となると、2014年が目標とされている。このような点を考慮し、金融所得一体課税を実現するうえで、番号制度がないとどのような状況が生じるのか、その状況は許容しうるのか、という検討を行い、番号制度の必要性を検討した。

　結論としては、現在と同じ程度の精度の税務事務および課税負荷を前提とすれば、金融所得一体課税を行ううえで、利子、配当などに対する源泉徴収制度の維持や資料情報制度の拡充、源泉徴収口座のさらなる活用などを図ることによって、番号制度がなくても大きな問題が生じるとまではいえず、国民全員に番号を付与する番号制度がなければ、金融所得課税の一体化を進めることができないとはいえないのではないか、という結論に達した。

　その理由は次のとおりである。金融所得一体課税を実現するにあたり番号制度がない状態を仮定すると、源泉徴収口座内の金融所得に対しては、源泉徴収による課税が行われるため、申告の有無にかかわらず課税漏れが生じる事態は起こりえない。また、金融所得一体課税が適用される金融商品は、利

子を含めて基本的に資料情報が提出されるようになるため、現状よりも課税の公平性はより担保されるようになるといえる。また、預金保険機構や証券保管振替機構などがすでに、番号制度なく名寄せを行って日常業務を行っているように、名寄せ技術は進んでおり、さらに本人確認法により金融機関窓口での本人確認の徹底が進んでいることから、(名寄せに求められる精度が税務とは異なるなどの一定の限界はあるものの)各金融機関においても高い精度での適切な名寄せが行われていると想定される。さらに、源泉徴収口座に受け入れられる金融商品の範囲を拡大していくことにより、当該口座が多くの金融所得を把握するようになれば、税務当局は個別の支払調書の名寄せ結果ではなく、年間取引報告書の総額単位で申告内容の妥当性を確認できること、また、損益通算に制限がなければ納税者の側に自らが保有している口座情報を開示しようというインセンティブが働くため、申告漏れが少ないと想定されることから、税務当局は納税者が指定した口座の管理だけですみ、その負荷も限定的になると考えられる。

この点は、税務当局側での実務の現状もふまえ、今後さらに精査する必要があると考えられるものの、番号制度がない状態でも、適正な課税が許容しえない状態になるとはいえないと考えられる。

また、金融所得一体課税を、優遇税制ではなく、わが国の税制において体系的かつ整合的な金融税制を整備する本格的な税制と位置づけるわれわれの立場では、番号制度を受け入れた納税者だけに金融所得一体課税のもとで課税を行うという制度設計は望ましいことではない。金融所得一体課税の議論と番号制度の議論は、基本的に切り離して考えるべきものであろう。もっとも、番号制度が早期に導入されれば、それを活用することが望ましいのはいうまでもない。

また、番号は、第一義的には課税情報の名寄せにより課税の適正執行をより効率的に行うことを目指すものであるが、活用場面はそれだけには限られ

ない。北欧諸国では課税当局が課税資料を名寄せして作成した申告書を納税者に送付し、それで問題がない場合はその申告書にサインをして送り返すだけで税務申告が終わる制度が導入されている（後述「コラム　記入済み申告制度の導入について」を参照）。日本では、特に地方において年金受給者の確定申告（還付申告もある）に手間がかかっており、納税者本人が遠くの税務署や市役所などに出向かなくてはならないという負担に加え、税務署や市役所などにおいても、年金受給者から所得や扶養の情報を聞き出し、申告書の作成を支援し、時には代理で申告書を作成するなどの状況が起こっている。そこで、年金等支払報告書と給与支払報告書の情報が当局側で瞬時に名寄せでき住民票の情報と突合できれば、申告をする側、受ける側双方に大きなメリットが生まれる。このように、番号を活用して納税者に新たなサービスを提供することを検討することは、きわめて重要なことである。国民側に番号導入のメリットが伝われば、番号導入への道も開けるのではないか。

　なお、実際に番号を用いて金融所得の損益通算を行う場合は、納税者への番号の付番方法と配布手段、口座管理機関への番号の申告と口座への番号の紐付事務の負荷、システム対応コスト、プライバシー情報の厳格な管理など、さまざまな論点があるので、相当程度の準備期間が必要となることを指摘しておきたい。

　民主党政権のもとでは、番号制度を取り巻く状況は変わりつつある。かつてはグリーンカードを含め、課税の適正執行のためにこれまで何度も導入が試みられながらも失敗しており、今後も導入は無理なのではないかと考える向きもあった。ところが、2009年の民主党政権の樹立によって、番号制度の導入が現実的になってきた。社会保障番号については、年金情報の喪失問題もあり、自民党政権時代からその導入がコミットされていたが、平成22年度税制改正大綱に盛り込まれているように、今後、税と社会保障共通の番号制度の導入について議論が本格化すると考えられ、税務目的だけでなく、幅広

> **コラム** 記入済み申告制度の導入について[13]

　記入済み申告とは、資料情報制度を活用して給与所得者等を対象に行う申告形態の１つである。税務当局が把握している資料情報を、納税者に事前に提示したうえで、納税者が記入内容を確認することで申告が終了する仕組みであり（呼称はpre-populated returns, pre-filled returns, tax proposals等さまざまである）、納税者のコンプライアンスに伴うコストの低下と、税務当局の事務負担を緩和する取組みとしてOECDが数年前から注目している[14]。記入済み申告は、税務当局が申告書にあらかじめ所得金額と税額を記入して納税者に提示することから、賦課課税方式の一種だという誤解も一部に見受けられるが、申告納税方式の国においても多く導入されている。

　記入済み申告は、近年北欧のみでなく世界で広がっていることがOECD報告により明らかになっている。具体的な導入国は、導入を決定しているオランダ、南アフリカを含めると、スペイン、フランス、チリ、シンガポール、ポルトガル等15カ国にのぼる。

　本制度は、税務当局のメリットもさることながら、納税者にとってメリットの多い制度である。具体的には、納税者の申告負荷の軽減、適正な申告を行ったという納税者の安心感、納税者に対する個別対応による税務当局のイメージ

13　本コラムは、以下の論文を参考に記述した。
　森信茂樹・小林洋子「記入済み申告制度―納税者利便のための納税者番号の活用」「国際税制研究第22号」平成21年５月　財団法人納税協会連合会（http://www.keieiken.co.jp/pub/articles/2009/pdf/2009-05kokuksaizeisei_s.pdf）
14　記入済申告について、OECDから次の３つのレポートが公表されている。
　① OECD (March 2006), "Using Third Party Information Reports to Assist Taxpayers Meet their Return Filing Obligations-Country Experiences With the Use of Pre-populated Personal Tax Returns"（http://www.oecd.org/dataoecd/42/14/36280368.pdf）
　② OECD (October 2006), "Tax Administration in OECD and Selected Non-OECD Countries: Comparative Information Series (2006)"（http://www.oecd.org/dataoecd/43/7/37610131.pdf）
　③ OECD (22 January 2008), "Third Party Reporting Arrangements and Pre-filled Tax Returns: The Danish and Swedish Approaches"（http://www.oecd.org/dataoecd/39/5/39948012.pdf）

向上、申告に関する情報処理スピードの迅速化、還付振込みの早期化、申告書収受後の審査事務の削減といったメリットがあげられる。

　このようなメリットの多い記入済み申告を導入するためには、実務的にいくつかの条件が満たされる必要がある。導入国における成功要因から条件を導き出すと、精度の高い源泉徴収、名寄せのための何らかの番号、資料情報制度の充実、税制の簡素化、電子による資料情報の提出の普及、税務当局における大規模な情報処理システムの整備、納税者対応の自動化・省力化といった点があげられる。税制の簡素化とは、納税者からの修正対応を減らすためには、税務当局が把握できない所得控除、税額控除が限定的であることが重要であるということである。また、納税者対応の自動化・省力化とは、たとえば、税務当局が提示した税額について特に回答しなければ承諾したとみなす方式（deemed acceptance）の採用、SMS・電話・オンラインによる回答、オンライン修正等が考えられる。わが国において上記の条件を満たしているのは、金融所得である。すなわち、源泉徴収ありの特定口座に関していえば、金融所得は、源泉徴収されている、源泉徴収口座は法定調書の提出対象となる、控除項目が限定的、金融機関からの法定調書提出は電子（MT等）が一般的である、税務当局内の事務処理は電子化が進んでいるため、上記条件をおおむね満たしているといえる。したがって、日本に導入する場合は、まず金融所得を対象にすべきであろう。また、年金所得等に拡大していくことが望ましい。

　わが国の金融所得に記入済み申告を導入するにあたっては、課題がいくつか考えられる。まず、利子を含め、金融所得一体課税が実現される必要があるということである。次に、選択式で、記入済み申告を金融所得に適用（希望により、金融所得確認システムに登録）できる仕組みとする必要がある。そして、最も大きな課題は、国税庁による資料情報の突合を可能にする何らかの仕組み（統一的番号制度、金融所得確認システム）の導入である。

い分野への活用の可能性も期待されている。

　他方で、確定申告に伴うコストや源泉徴収口座を利用して、簡素に納税を完了したい納税者が多いという実情も看過するわけにはいかない。とりわけ利子所得を一体化する場合には、国民の多くが預貯金口座をもっていることから、証券会社や銀行など、複数金融機関に源泉徴収口座を保有する納税者の急増が予想される。簡素な納税のために源泉徴収口座を保有している納税者にとっては、損益通算を行うために確定申告をせざるをえなくなることは、源泉徴収口座制度の趣旨が損なわれることになる。また、税務当局や金融機関側にとっても、急増する申告に対応する負荷は大きいと考えられる。そこで、損益通算を希望する納税者からの申出をもとに、複数の金融機関の口座における納税者の金融所得情報を集約することで、複数の源泉徴収口座を跨いだ損益通算を中立的な立場で適正かつ効率的に行うシステム（金融所得確認システム（仮称））の構築を検討することを提言したい。この金融所得確認システムにおいて、複数の源泉徴収口座の所得情報の名寄せを効率的に行うためにはなんらかの識別子（番号）を利用することが望ましいが、その番号として現在議論が進んでいる税・社会保障共通番号を活用したシステムづくりを検討すべきである。どのようなシステムを構築し、どう制度を設計するかに依存するものの、番号を使うことに対する国民感情や情報の適正管理に配慮しつつ、課税の適正化と納税者利便に資する納税環境を整備することは可能と考える（詳細は、「6　インフラの整備（金融所得確認システムの導入）」を参照）。

　最後に、納税者に認められる年間の損益通算の額に制限が設けられた場合に、実務的に番号制度が必要となるかどうかについて述べたい。「(1)　基本的な考え方　①」で述べたとおり、本研究会は損益通算を制限する制度設計は望ましくないというスタンスであるが、かりにそのような制度設計が行わ

れた場合に、番号制度が必要かどうかは重要な論点であるため、本研究会においても議論を行った。損益通算が制限された場合には、課税の適正化、税務執行に掛かる負荷の軽減という点において、番号制度の必要性はより高まると思われる。他方で、納税者の確定申告によって損益通算を認める方法で上限額を管理する方法があるため、番号制度の導入が必須である、とまではいえない、というのが本研究会の総意であった。

前述したとおり、上限管理の方法としては、(a)金融機関側に開設された源泉徴収口座では損益通算を行い、上限額を超過した納税者に対しては申告義務を課す方法、(b)源泉徴収口座であっても金融機関側では損益通算を行わず、損益通算を行う際には納税者からの申告を行う方法、の2つが考えうる。両者の方法とも、損益通算が制限されるため、確定申告が必要となるケースがふえ、源泉徴収口座の趣旨は損われることになるが、そのために番号制度が必須である、とまではいえないだろう。(a)のケースでは、上限額を超過して損益通算が行われる場合には税務当局側が拡充された支払調書をもって申告漏れを検知することで対応ができると想定され、(b)のケースでは、源泉徴収が維持されることを前提に、申告によって損益通算を認めることになるので、大きな課税漏れは生じないことになるからである。

先に述べたように、納税者に認められる年間の損益通算の額に制限が設けられた場合には、上限額に達しないよう納税者側で保有している口座情報を積極的に開示するインセンティブが働かないため、金融機関側または税務当局側で口座を網羅的に把握することが必要になる。したがって、現実的には、上限額がどの程度の額になるのか、どれだけの数の納税者が上限額を超過すると予想されるのかという点をふまえて制度設計を検討する必要がある。かりに、上限額に達する納税者が一定数に限られるのであれば、(a)の方法によって、納税者が広く源泉徴収口座のメリットを享受することを可能にしつつ、支払調書によって、一部上限額に達すると想定される納税者の申告を確認できるようにすることで課税の適正化は図れるであろう。

5　個別金融商品の金融所得課税の一体化の方法

　ここでは、国民に広く用いられている商品であって一体課税の範囲に早期に含めることが望ましい金融商品である預貯金、公社債、投資信託、外貨建金融商品について、おもに実務的な観点から検討した一体化の方法を述べる。

①　預 貯 金

　預貯金は国民に広く用いられている金融商品である。金融所得一体課税を進めていくうえでは、国民に広く用いられている金融商品が金融所得一体課税の範囲に含まれることが望ましく、かつ預貯金利子を一体課税の範囲に加えることで、国民の投資に対するリスクテイクを促すことが期待されるため、預貯金利子を早期に一体化の範囲に含めることが重要である。

　預貯金利子を一体化の範囲に含める際は、前述したような趣旨をふまえ、定期性預金や大口預金などに限定せず、普通預金も含めるほうが望ましい。普通預金を一体課税の範囲に含めた場合、その口座数も多いことから実務面の負荷が懸念される。ただし、実務的には、後述するように、支払を受ける納税者に交付される支払通知書の問題が存在するものの、それ以外の対応負荷は、定期性預金や大口預金などの他の商品とは大きく変わらない。むしろ、普通預金だけを一体化の範囲に含めないこととした場合には、多様な金融商品を提供するようになってきている銀行の窓口において、顧客に対してどの預金商品が一体化の範囲に含まれ、どの商品が含まれないのか説明することがむずかしくなると想定されること、後述するように証券会社で実質的に預金のように扱われているMMFやMRF、公社債が一体課税の範囲に含められ、これらの金融商品から生じる利子は上場株式の譲渡損と通算できる一

方で、銀行の預金から生じる利子とは通算できないとなると中立性の観点から望ましくないこと、また、将来的に金融所得一体課税の範囲に含まれることが明確なのであれば、事後的に含まれるよりは、定期性預金や大口預金などと同時に含まれるほうがシステムや業務の対応を行ううえで負荷が小さいことを勘案すると、普通預金も早期に一体化の範囲に含めるほうが望ましいとも考えられる。

　また、郵便貯金についても、金融所得一体課税の趣旨をふまえると、早期にその範囲に含めることが望ましいと考えられる。ただし、その具体的な実施時期については、口座数が膨大であることなどを勘案して、導入に向けたスケジュールを策定する必要がある。

　利子所得が一体課税の範囲に含まれる場合、利子に対する課税方式は、現行の一律源泉分離課税から、源泉徴収を維持したうえでの申告分離課税へ変わることとなる。また、現行の税制では、利子については、経費・損失は発生しないものとされているものの、「4⑵④　金融所得から控除する経費・損失」における経費・損失の考え方が認められるのであれば、利子が一体化の範囲に含まれた場合、金融商品の取引に直接の関連をもち、その所得を得るにあたって必要な経費や、金融商品の取引に伴って生じる損失である中途解約手数料や、ペイオフに伴う損失などが金融所得から控除できることとなる。

②　公　社　債

　公社債は、その性質が預貯金と類似する金融商品であること、さらには、公社債は、従来、その元本部分の価格があまり変動しないと想定されてきた。しかし、最近では、公社債に株式のオプションが組み込まれた商品や為替変動によって影響を受ける商品など元本部分の価格が大きく変動するような公社債が一般的に販売されるようになったこと、公社債の種類やそこから生じる所得によって、課税上の取扱いが多岐にわたっていて非常に複雑な制

度になっていることをふまえると、現行の税制を見直す必要があり、公社債を一体課税の範囲に含めるべきと考える。

　公社債から生じる所得への現行の課税方式を大まかに整理すると、利子は源泉分離課税とされ、譲渡所得は非課税、償還差益は雑所得として総合課税となっている。ただし、ディープディスカウント債や一部割引債などでは、譲渡時に雑所得や譲渡所得として総合課税とされるなど、公社債の種類や所得分類によって課税方式が分かれ、非常に複雑な税制となっている（40頁、図表2を参照のこと）。そこで、公社債から生じる所得に対して一体課税を適用する際には、この複雑な税制を簡素にすること、またさまざまな商品の登場により公社債の性質が変化しつつあることをふまえ、課税方式を申告分離課税に一律に変えること、現状非課税となっている譲渡所得を課税対象とすることとあわせて、公社債に対する課税方法を株式に対する課税方法と同様（株式並み課税）に大きく変えることが望ましい。この点について、平成22年度税制改正大綱には、「金融証券税制については、金融商品間の損益通算の範囲の拡充に向け、平成23年度改正において、公社債の利子及び譲渡所得に対する課税方式を申告分離課税とする方向で見直すことを検討」する旨の記述がある。

　具体的には、株式では、期中では将来の配当部分も織り込んでその価格が算定されているように、公社債についても、期中では元本と利子相当額（経過利子）を区別せずに両者が含まれた価格となっているととらえて課税を行うというものである。つまり、公社債の譲渡（譲渡取引Aとする）時には、譲受人側（公社債を譲渡により取得した主体）では元本と利子相当額（経過利子）を含んだ額をその公社債の取得価格ととらえ、譲渡人側（公社債を譲渡により手放した主体）では、その譲渡人が譲渡取引Aに先んじてこの公社債を取得した際の取得価格と、譲渡取引Aによって公社債を手放す際に受け取った総額との差額を所得として課税する。利払い時には、株式の配当のよう

図表3：公社債（利付債）に対する課税方法の例
【現行の課税方法での課税例】

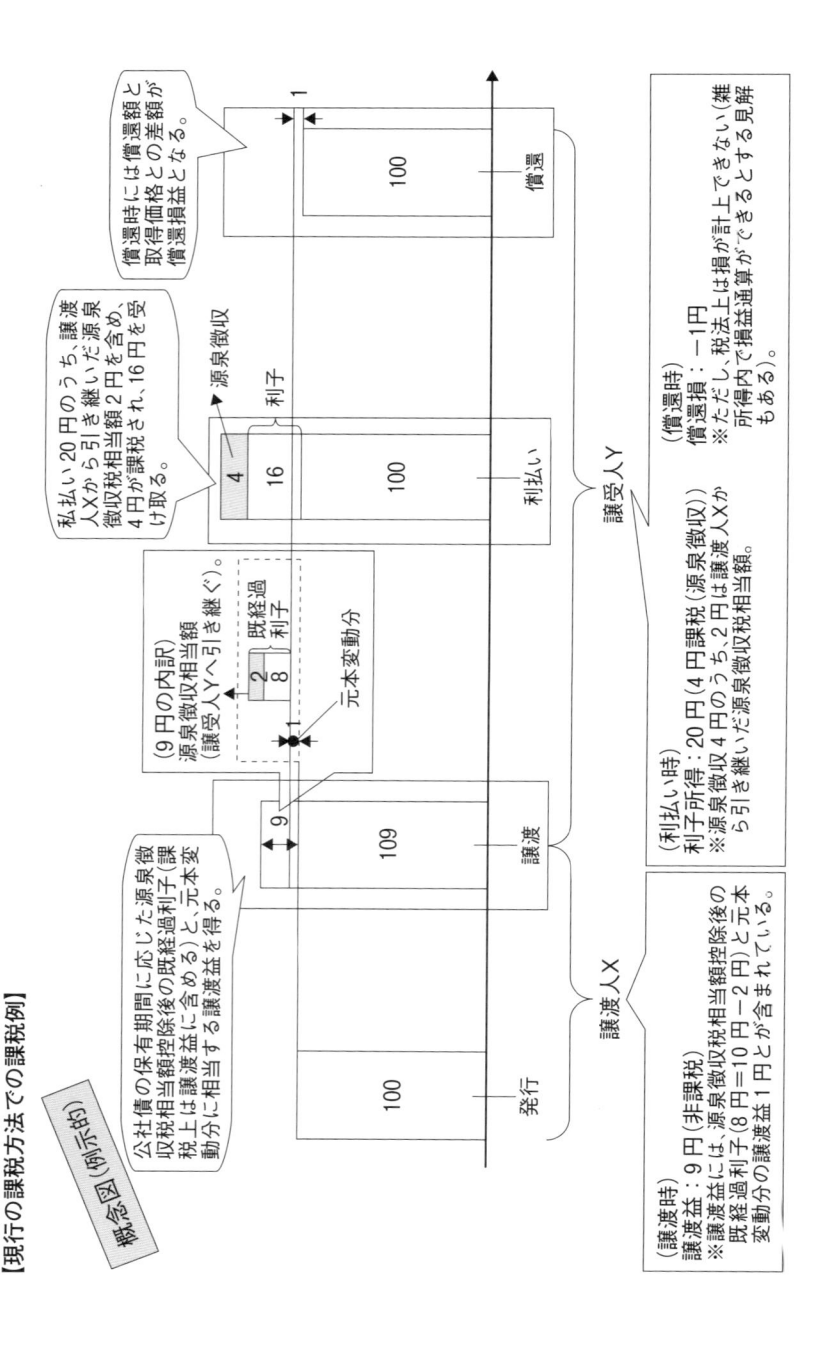

概念図（例示的）

発行 100

譲渡 109
(9円の内訳)
源泉徴収相当額（譲受人Yへ引き継ぐ）
1 既経過利子 8
元本変動分

公社債の保有期間に応じた源泉徴収税相当額の既経過額控除後の既経過利子に課税され、譲渡益は譲渡益に含める）と、元本変動分に相当する譲渡益を得る。

利払い 100 / 16 / 4 →源泉徴収

私払い20円のうち、譲渡人Xから引き継いだ源泉徴収税相当額2円を含め、徴収税相当額4円が課税され、16円を受け取る。

償還 100 / 1

償還時には償還額と取得価格との差額が償還損益となる。

譲渡人X

(譲渡時)
譲渡益：9円（非課税）
※譲渡益には、源泉徴収税相当額控除後の既経過利子（8円＝10円－2円）と元本変動分の譲渡益1円とが含まれている。

譲受人Y

(利払い時)
利子所得：20円（4円課税（源泉徴収））
※源泉徴収4円のうち、2円は譲渡人Xから引き継いだ源泉徴収税相当額。

(償還時)
償還損：－1円
※ただし、税法上は損が計上できない（雑所得内で損益通算ができるとの見解もある）。

【新しい課税方法での課税例】

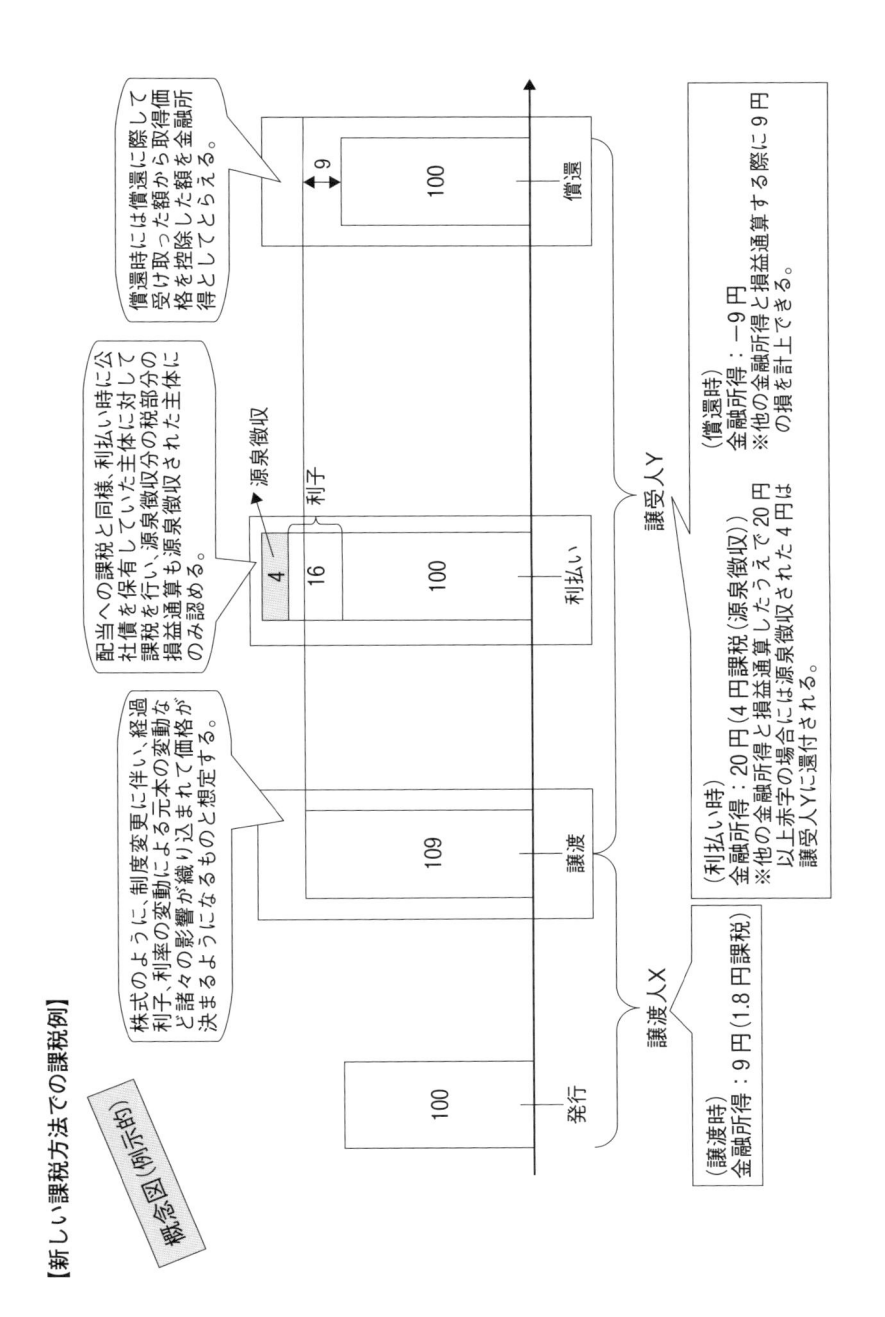

概念図（例示的）

株式のように、制度変更に伴い、経過利子・利払いなど諸々の影響が織り込まれて価格が決まるようになるものと想定する。

配当への課税と同様、利払い時に対して公社債を保有していた主体に対して課税を行い、源泉徴収分の税部分も源泉徴収された主体に損益通算も認める。

償還時には償還に際して受け取った額から取得価格を控除した額を金融所得としてとらえる。

```
                    ┌──┐
                    │ 4│←源泉徴収
               利子 │──│
              ┌──┐ │16│        ┌──┐
              │  │ │──│        │ ↔9│
         ┌──┐ │  │ │  │        │──│
    ┌──┐ │109││100││100│        │100│
    │100││  ││  ││  │        │  │
    └──┘ └──┘ └──┘└──┘        └──┘
    発行  譲渡      利払い      償還
```

←――譲渡人X――→←―――――――譲受人Y―――――――→

(譲渡時)
金融所得：9円（1.8円課税）

(利払い時)
金融所得：20円（4円課税（源泉徴収））
※他の金融所得と損益通算したうえで20円以上赤字の場合には源泉徴収された4円は譲受人Yに還付される。

(償還時)
金融所得：−9円
※他の金融所得と損益通算する際に9円の損を計上できる。

に、受け取った額部分について課税を行う。償還時には、公社債の償還を受ける主体が、償還時に受け取った額から、公社債を取得するのに要した額を差し引いた部分について課税を行うという方法である（図表3）。

　後述するように、課税の適正化を図るうえで、利払い時の利子部分については、源泉徴収制度を維持する。そのため、譲渡に際しての経過利子に対する課税相当部分を譲渡人側、譲受人側との間でどのように調整するかが論点となる。この点については、説明が複雑なため簡単な例をあげて説明を行う。1年で20円の利子を生じる元本100円の利付債について、発行時からちょうど半年の時点で、譲渡人Xから譲受人Yに109円（利含みの価格）で譲渡が行われたと仮定する。現行の税制では、それぞれの主体の公社債の保有期間によって元本部分と経過利子とを分けて所得額および公社債の譲渡価格をとらえている。この例では、譲渡時の譲渡人Xの経過利子は、年間の利子20円の半分（半年時点の譲渡であるため）の10円であり、その経過利子に対する源泉徴収相当額は、譲受人Yに引き継ぐものと考え、譲渡人Xは源泉徴収後の8円（20÷2×(1−20％)）を譲受人Yから受け取る。また、この譲渡時の譲渡人Xが得た譲渡所得は、譲渡時に譲受人Yから受け取った109円から源泉徴収後の8円を控除した101円で譲受人Yに譲渡したことになる。またこの利付債の発行時から1年後の利払い時には、譲受人Yは20円の利子所得を得て、発行体から源泉徴収後の16円（20×(1−20％)）を受け取る。この例の場合では、1年後に発行体から受け取る利子に対する源泉徴収分の4円は、譲渡人Xと譲受人Yとの間で2円ずつ分けているということになる。この例をふまえ、冒頭の論点について再び説明をすると、この公社債に対する課税方法を株式に対する課税方法と同様とした場合には、1年後に源泉徴収された部分の4円を譲渡人Xと譲受人Yとの間でどのように調整を行うのかということが論点になるのである。

　この点については、現行の税制どおりに、源泉徴収分を譲渡人、譲受人とで厳密にその公社債の保有期間に按分して調整する方法をとることも考えう

るものの、簡素性を重視するほうが望ましいこと、および税制が変われば
マーケットもそのような税制を織り込んで公社債の価格が決定され取引され
るようになると想定されることをふまえると、株式の譲渡をした場合と同
様、公社債の譲渡に際しても、利払い時にその公社債を保有していた主体の
みが源泉徴収をされた（前述の例の場合、4円）と考えるほうが望ましいの
ではないかと考える。

　ただし、このような課税方法に変えた場合にもいくつかの問題点がある。
そのおもなものとして、以下に4点述べる。

　1点目は、このような課税方法に変えた場合、時間経過とともに利子はふ
えるものの、元本部分の変動の影響によって公社債の全体価格は大きく影響
を受ける。元本と利子部分とを合算してその公社債の額を表示してしまう
と、その金利変動の状況によっては、他の預金商品のように資産額がふえる
ことを期待して保有している個人投資家にとっては、あたかも利子も含めて
減少しているかのような誤解を与えてしまい、金融機関側の窓口で混乱を生
じさせかねない。

　2点目は、上記で提案した課税方法では、制度の変更に伴い公社債の取引
価格は、その制度変更を織り込んで価格が決まると想定している。しかし、
制度移行期の暫定措置の影響などにより、市場が制度変更を織り込むことな
く公社債の価格が決まるような事態が生じた場合には、実質的に源泉徴収さ
れた後の所得に対してさらに課税されるような二重課税を生じてしまう可能
性がある。

　3点目は、オーバーパーなどの償還金を上回る価格で譲渡を受けた主体に
とっては、その公社債の償還を迎える、または他の主体へ譲渡するまで元本
に含んだ状態の損を控除できず、利払い時には利子に対して源泉徴収されて
しまうことがあげられる。

　そして最後に、みなし外国税額控除の適用が受けられる公社債に対して課
税する場合には、この課税方法では、なんらかの調整が必要になることがあ

げられる。みなし外国税額控除の適用が認められる公社債の流通量は少なく、一部の国では、この規定を廃止するなど、この制度は見直しに向けて検討が行われているものの、公社債の課税方法を株式並みに課税するよう変更する際には、これらの公社債に対しての課税をどのようにすべきか留意しておく必要があろう。

　なお、上記個人の公社債に対する課税方法を考えるうえでは、個人から法人へ公社債が譲渡される場合の課税方法もあわせて考える必要がある。なぜなら、実際に個人が公社債を譲渡する際には、その譲渡先が金融機関などの法人である場合がほとんどであって、法人側が公社債の個人からの譲渡をどのような条件で受け入れるかは、法人側の税制が大きく影響を与えるからである。現在の法人税法では、法人が公社債の利払いを受けた際には、期初から利払い時まで公社債を保有していた場合、支払うべき法人税からその利払いを受けた公社債に課された源泉徴収税相当額（前述の例の場合、4円）の全額が控除できる一方、法人が期中に公社債の譲渡を受けた場合には、譲渡から利払いを受けるまでの期間に応じて制限がなされている（所得税控除の期間制限：期の中間で譲渡を受けた場合、2円しか控除できない）。そのため、個人の譲渡先となる法人側では、この制度のために公社債を期中の譲渡を受け入れる際には、控除ができないことを前提に公社債の譲渡価格を個人に提示するために、個人の公社債の税制を変えたとしても、結果として公社債の流通が阻害されるという状態は維持されてしまう。そもそも、この所得税控除の期間制限が設けられたのは、個人における公社債の譲渡益が非課税であることを利用して、利払い直前の個人・法人間の売買による課税逃れを防止するための対策であることから、公社債の譲渡益を課税対象とするのであれば、法人側においても、この期間制限を廃止して、全期間分控除を認めることも検討すべきではないか。
　このような税制の変更を行うことによって、現状大きな課題となっている

公社債の課税玉、非課税玉という問題も緩和され、結果として、個人における国債をはじめとした公社債の流通や保有がより促進されることにつながるのではないか。

　また、公社債に対して簡素に課税を行い、かつ課税方法を株式と同等の課税方法にそろえるという意味では、公社債を年末時に時価評価して課税を行うことはせず、かつ同一の種類の公社債を取得した場合には、株式同様、移動平均方式で取得価格を計算することとすることが望ましい。経費・損失については、4④の考え方にのっとれば、国債払戻手数料や公社債のデフォルト時の損失など、金融商品の取引に直接の関連をもち、所得を得るにあたって必要な経費や金融商品の取引に伴って生じる損失については金融所得から控除することを認めることとなる。

　次に、公社債から生じる所得に対する源泉徴収について述べる。利付債の利子部分に対する源泉徴収制度は課税漏れを防ぎ、簡素性を維持する観点から残すことが望ましい。他方で、割引債は発行時に源泉徴収を行うのではなく、償還時に償還差益に相当する部分に対して源泉徴収を行うことが考えられる。まず、割引債の発行時の源泉徴収については、税法上、所得が実現した際に課税を行うという原則からみるとそもそも適切ではないといえる。また、発行時の源泉徴収を維持して、前述のように割引債に対する課税方法を株式並み課税とした場合には、公社債の価格にすでに発行時に源泉徴収されている価格を含んでしまっているため、譲渡時の所得に対して課税を行う場合には、発行時に源泉徴収されている課税分との二重課税の調整が必要になるため、課税方法が非常に複雑になってしまう。こうした点を勘案して、源泉徴収を行うタイミングを変更することが望ましいと考える。その際、割引債の源泉徴収タイミングを変えると課税繰延べになるため適当ではないという懸念も指摘されている。長期保有の場合、利子相当額が長期間受け取れな

いデメリットがあるため、金融商品の大幅なシフトが起こると考えにくいものの、実際にそのようなシフトが生じた場合には、別途法律の規定により、金融所得一体課税の範囲からその金融商品を外す途を残しておくということで、その対応が図れるのではないか。

なお、公社債を金融所得一体課税の対象に含める際は、適正な税務執行の観点から譲渡、償還、利払いなど金融所得が生じた時点で支払調書を発行する必要がある。現状、非課税となっている部分に対する課税となることから支払調書の発行負荷が金融機関に掛かるが、実務的には、この範囲であれば対応可能だと思われる。

また、公社債は保有期間が長期にわたるため、提案した課税方法を導入するにあたっては、移行期の対応方法を検討する必要がある。おもに譲渡に係る所得価格の算定方法が課題になるが、その方法としては、新制度が導入された後に発行された公社債からこの税制を適用するという方法、あるいは一定の基準日の利率などをもとにして公社債の取得価格を設定する方法などが考えられる。前者の方法の場合、新制度前後に発行された公社債では課税上の取扱いが異なるという複雑な状態になることが懸念されるものの、後者の方法では過去に株式のみなし取得価格の算定に際して、対応に大きな混乱を生じさせたことをふまえると、前者の方法をとることが現実的な対応であろう。

③ 投資信託

公社債投資信託については、預貯金、公社債および株式投資信託とその性質が似ているため、早期に金融所得一体課税の範囲に含め、同様の課税方式にすることが望ましい。投資信託は、公社債型および株式型とで2つに分類が分かれているものの、税法上は、投資信託の約款上の取決めによってその

分類が決められており、株式投資信託であっても、公社債だけで運用を行うことから実質的には公社債投資信託と変わらないような金融商品も存在している。

④ 外貨建金融商品

外貨建金融商品は、資産の分散投資の流れを受けて一般の個人投資家の資産運用対象として定着してきた。外貨建金融商品は、1つの商品から利子・配当、譲渡・償還差益、為替差益が生じ、それぞれ現行の所得税法上異なる所得として別々に課税されており、また外国株式の為替差益は譲渡益である一方、為替予約のない外貨預金の為替差益は雑所得として総合課税されるなど、商品によって課税方法が異なっている。そのため、簡素性、中立性の観点から外貨建金融商品についても金融所得一体課税の範囲に含めることが望ましい。

金融所得一体課税の対象となる外貨建金融商品は、外貨預金、外貨建公社債投資信託、外国債（公社債）、外貨建株式、外国為替証拠金取引（FX）など一般の個人が金融機関を通じて入手できるものがその範囲となると考えられる。

外貨建金融商品から生じる所得に対する課税方式としては、基本的には為替変動部分も含んだ所得に対して申告分離で課税を行うことが考えられる。具体的には、①利子、配当、収益分配金のように、ある金融商品を保有していることで追加的に受け取った額（ただし、この場合、元本部分の為替変動に伴う変動部分は含めない）と、②ある外貨建金融商品から引き出し、解約、他の金融商品への交換などの取引を行った場合、同じ外貨間または別の外貨への取引を行う場合ともに、その取引によって手放した金融商品を取得する際に、取得時にかかった円換算額から、その金融商品を手放すことで得たその取引時点での円換算額との差益に課税を行うとする課税方法とすることが

望ましいのではないか。

　外貨建金融商品から外貨の現金で引き出す場合、たとえばドルの外貨預金からドルの現金で引き出す際の課税上の取扱いが論点となる。例をあげて説明をすると、１ドル100円の段階で外貨預金口座に１ドル拠出して、１ドル150円の段階でこの外貨預金口座から円預金の口座に振り替えるのではなく、そのままこの外貨預金口座から１ドルの現金で引き出すという場合である。この場合、円預金の口座に振り替えた場合には、50円分の所得として課税（10円の課税）が行われるものの、ドルの現金で引き出された場合には、この外貨預金口座を源泉徴収口座として管理している金融機関では、課税を行うべきかどうかということが論点となるのである。この点については、本研究会でも、円安局面において、納税者が円預金に振り替えずに外貨現金で引き出し、外貨両替所で換金するような課税逃れを誘発してしまうのではないかという点から、金融機関側で課税を行うべきではないかとする考え方や、外貨預金で預けていたものを外貨現金で引出しをする段階で課税を行うことは妥当なのか、実務上対応しうるのかという観点から金融機関側では、支払調書を提出することにとどめるほうがよいのではないか、という考え方が出された。この点については今後精査が必要になる。

　なお、外貨建金融商品から生じる所得に対する課税に際しても、原則として現行の源泉徴収制度を維持することが望ましい。利子・配当に対する源泉徴収は、特定口座、一般口座を区別せず行う一方、譲渡損益、為替差損益については、その取引時の為替変動を含む取得価格額の管理を行う必要があるため、源泉徴収口座においてのみ源泉徴収の対象とすることが妥当である。ただし、個人が保有している貿易用などの流動性が特に高い口座については、取引のたびに為替変動を含む金融商品の取得価格の計算を行う必要があるため、その管理が非常に煩雑になることから、特定口座に一定期間加えないなど、なんらかの対応をすることも考えられる。

6 インフラの整備
（金融所得確認システムの導入）

ここでは、金融所得一体課税によって生じる影響と、金融所得一体課税の実現に必要なインフラである金融所得確認システムについて説明する。

(1) 金融所得一体課税によって生じる影響

2010年から単一の源泉徴収口座における、譲渡損失と配当等との損益通算が口座内で自動的に行われることになり、申告不要を選択すれば確定申告が不要となった。このことにより、貯蓄から投資の動きが促進されることが期待されるが、利用者の利便性を損なう複数の問題がある。

まず、複数の金融機関に源泉徴収口座を保有している者が金融機関を跨いで損益通算を実施したい場合は、確定申告を不要とできない問題がある。具体的には、金融機関を跨いだ複数口座の損失繰越しや還付申告をしたい場合、各金融機関からの年間取引報告書をもとに自身で計算を行い、税務署に届け出る必要があり、本来源泉徴収口座がもつ利便性が損なわれてしまう。また、利子所得が金融所得一体化の対象となった場合、国民の多くが預貯金口座をもっていることから、証券会社や銀行等、複数金融機関に源泉徴収口座を保有する納税者が、確定申告をせざるをえなくなるという問題がある。簡素な納税のために源泉徴収口座を保有している納税者にとっては、源泉徴収口座制度の趣旨が損なわれることになる。加えて、税務当局や金融機関側にとっても、急増する申告に対応する負荷は大きいと考えられるという問題も生じる。

(2) システムの導入による解決

これらの問題を解決するために、損益通算を希望する納税者からの申出をもとに、複数の金融機関の源泉徴収口座における納税者の金融所得（利益および損失）情報を集約することで、複数の源泉徴収口座を跨いだ損益通算を中立的な立場で適正かつ効率的に行うシステム（以下「金融所得確認システム」という）の構築を検討することを提言したい。本システムの導入により、複数金融機関に源泉徴収口座を保有している納税者は、それらの口座間の損益通算、損失繰越し、還付申告を非常に簡単な手続で実施することができる（図表４）。

本システムは大きく２つの機能からなる。まず、金融機関が提出した資料情報をもとに、個人が保有する複数の金融機関の源泉徴収口座間の損益通算を自動的に行う機能である（損益通算機能）。本システムを利用できるのは、源泉徴収ありの特定口座利用者のみであるが、平成19年７月時点で特定口座1,340万口座のうち、源泉徴収ありの口座は９割に達しているため、本システムの利用者は多数になると考えられる。もう１つの機能は、損益通算結果を納税者がインターネット上で確認し、年間に発生した損失の繰越しや還付申告を簡単に実施できるようにする機能である（申告手続機能）。

上記の機能を実現するためには、複数の源泉徴収口座に発生した金融所得（利益および損失）情報を個人ごとに集約（名寄せ）する仕組みが必要である。この名寄せを効率的に実施するためにはなんらかの番号を用いることが望ましいが、政府内で導入が議論されている「税・社会保障共通番号」を用いることで、納税者の利便性の向上、課税の適正化を確保することが可能になる。また、インターネット上で自身の損益通算結果を確認する場合、本システムにログインする際の本人確認を行う仕組みも必要となる。その際は、税・社会保障共通番号を住基カードのようななんらかのIDカード[15]に搭載

図表4：金融所得確認システムの利用の流れ

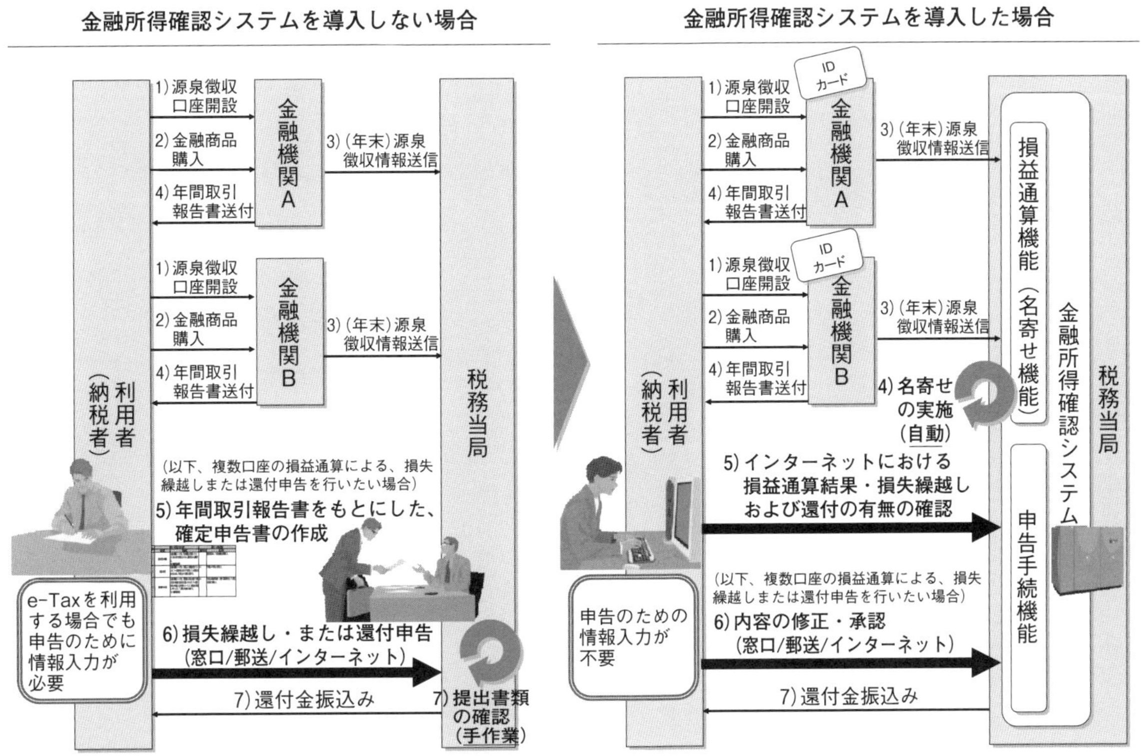

第1部 金融所得一体課税の位置づけと導入にあたっての課題 75

し、そのカードそのものを個人のPCに接続したカードリーダにかざすことも考えられる。この方法によって機密性が高まるが、カードを利用しない場合でも、番号とあらかじめ発行されたパスワードを用いてシステムを利用できるような仕組みとすることも可能である。なお、IDカードを活用する場合、源泉徴収口座開設時に金融機関において利用者の番号を本人確認・名寄せのため確認する必要があるが、プライバシー保護を重視する観点からは番号をIDカード内に暗号化して格納し、カードリーダ等で読み取る方式にすることが望ましい。IDカード内に暗号化して格納せず、カードの表面に番号を表示する方式とする場合は、番号の目的外使用を厳しく制限する必要がある。

本システムは、保有する情報の機密性から、税務当局の管轄のもとに設置すべきである。税務当局にとっても、本システムによって損失繰越しや還付申告に係る業務が自動化されるため、事務負担の軽減につながるという大きなメリットが生じる。

なお、本システムは、税務当局が申告書の内容を作成するため、申告納税制度に抵触するのではないか（賦課課税制度ではないか）との指摘がある。しかし、税務当局が提示した申告書の内容を納税者が修正・承認するプロセスがあるため、納税義務の確定を納税者自身が行うという申告納税制度の枠組みのなかである。また、OECDレポートにおいて、申告納税制度を採用する国でも、同様の記入済み申告制度が導入されていることが紹介されている（前述「コラム　記入済み申告制度の導入について」参照）。

金融機関に対し本システムの利用を任意とした場合、金融コングロマリットにおいて当システムとは別個に、コングロマリット内で損益通算の仕組み

15　政府では、年金手帳、健康保険証、介護保険証という3つの役割を1枚のICカードに集約させた「社会保障カード（仮称）」の導入について、具体的な検討が進められている。自公政権時代に閣議決定された「骨太の方針2009」には、「社会保障番号・カード（仮称）を2011年度中を目途に導入する」と明記されている。

を構築する可能性もある。しかし、単独で構築するよりも、本システムを利用したほうがシステム開発コストの低減につながる。

(3) システム利用の流れ

利用の詳しい流れは以下のとおりとなる（番号は、図表4の右部分の数字に対応している）。

1) 利用者は、金融機関の窓口で源泉徴収口座を開設する際、本人確認のため、税・社会保障共通番号を記載したIDカードを提示する。申請を受けた金融機関は、当該口座の口座情報（口座番号を含む）と税・社会保障共通番号を金融所得確認システムに登録する。
2) 口座開設後、利用者は任意に金融商品を購入する。
3) 金融機関は、年末に、1年間に発生した金融所得（利益および損失）の情報を、口座ごとに税・社会保障共通番号を付して、金融所得確認システムに送る。
4) 金融所得確認システムは、税・社会保障共通番号をもとに口座のデータを個人別に集約し、個人が登録した源泉徴収口座における金融所得を合算する。このとき、利益が生じている口座と損失が生じている口座があれば、両者の損益通算により還付額が算出される。
5) 利用者は、金融所得確認システムにて計算され納税者に送られてきた損益通算結果および還付可能額を確認する。
6) 利用者は、内容に間違いがある場合修正を行う。修正後、PCに接続したカードリーダに、本人情報が格納された電子証明書を格納したカード等を読み取らせ、申告書の確認者が本人であることを証明することによって、申告手続を完了できる。還付が可能な場合は振込先口座を同時に登録する。計算の結果、損失の額が利益の額を上回る場合

（控除しきれない場合）は、インターネット上でその申請を行えば金融所得確認システム内にその情報が蓄積され、翌年度以降の繰越しが可能となる。

なお、納税者の負担を考慮して、申告書掲載の日から承諾または修正の行為がないまま一定期間を経過した場合は申告内容を承諾したとみなす、あるいはシステム利用登録時点で事前承諾し、特に別途修正しない限り金融所得確認システムで計算された結果を承諾したとみなす仕組みとすることも考えられる。

また、インターネット利用環境が十分でない利用者を考慮して、郵

図表5：金融所得確認システムにおける情報等の流れ

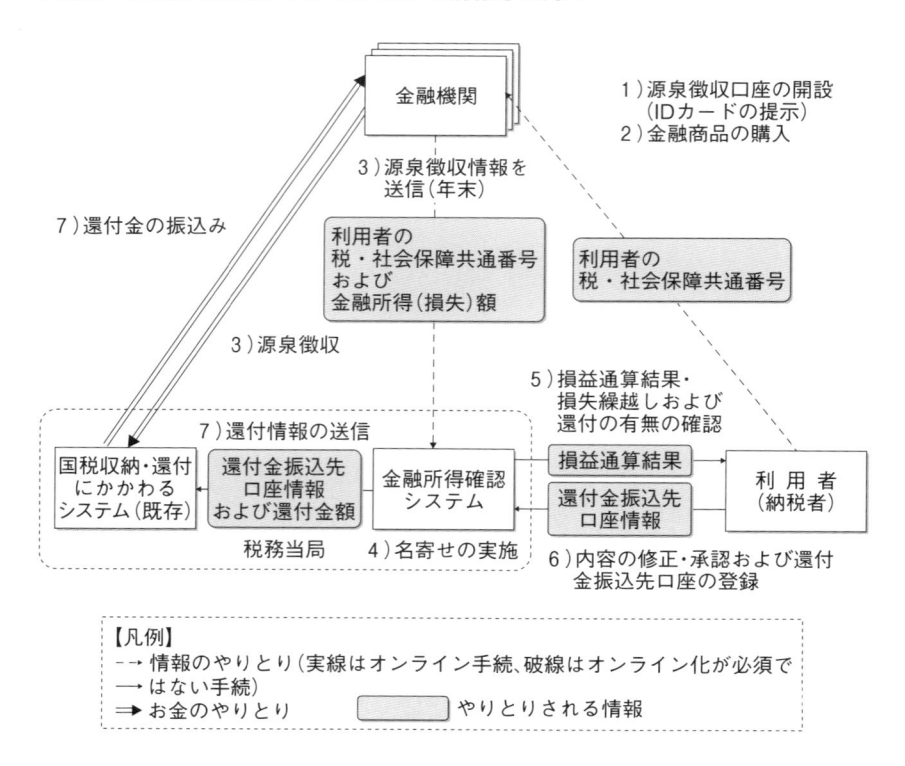

送や税務署窓口における対応も可能とする。
7）利用者が還付申告を選択した場合は、当局側で確認後、指定した口座に還付金が振り込まれる。

なお、利用者、金融機関、金融所得確認システム間でやりとりされる情報やお金の流れに着目した場合のフロー図を参考までに図表5に示す。

(4) 検討が必要な論点

① 番号の利用

　税・社会保障共通番号（およびIDカード）が導入された場合は、カードに格納された番号を金融機関の窓口で読み取ることによって効率的な名寄せが実現でき、利用者にとっても金融機関にとっても望ましい。しかし、番号の民間利用に関しては、現時点では国民の理解が必ずしも十分ではないことから、十分な国民的議論を経ることが必要である。もっとも名寄せにあたっては、新たな統一的番号の導入が必ずしも必須ではなく、希望者のみに付番する方法（選択的適用）でも対応が可能である。ただし、希望する利用者に限って番号を付与する場合には、金融機関等のシステム面の配慮が必要となる。すなわち、番号を利用する納税者と利用しない納税者とでは、別々にシステムを構築しなくては実務面で対応できないような制度とはしないよう配慮が求められるほか、将来的に付番の対象が全国民に拡大された際に、税務当局や金融機関側でまったく新しくシステムを構築する必要が生じないよう、あらかじめ配慮しておく必要がある。また、基本的には選択的導入にならないことが望ましいというのがわれわれの意見でもある。

　金融所得専用の番号を使う場合でも、税・社会保障共通番号などの新たな統一的番号を使う場合でも、民間で広く番号が利用されることにより個人情

報が蓄積され、営業目的等に使われてしまうことを懸念する意見が散見されることから、あらかじめ許容される利用範囲を明確にしておく必要がある。なお、民間の金融機関においては、番号制度の有無にかかわらず、個人情報保護法の成立により個人情報の目的外の使用や漏洩が起こらないよう、適切に情報を取り扱うことが義務づけられていること、本人確認等法令遵守のために多大なコストが掛かっていること等も考慮する必要がある。

② 利用対象者の範囲

本システムは、基本的には源泉徴収口座を保有している場合のみが利用可能な仕組みを想定している。ただし、預金利子については、現在源泉徴収口座制度が導入されておらず、今後導入するとしても現在の普通預金口座を引き続き利用する預金者が多数存在することが想定される。普通預金口座等から生じる利子所得について本システムを通じて損益通算するためには、普通預金口座等から源泉徴収口座への移管が必要となり、普通預金口座を引き続き利用する者にとっては利便性を損ねることとなる。したがって、このような金融機関や利用者の状況に応じて、本システムの利用を源泉徴収口座の保有者のみに限定しないことも検討すべきである。たとえば、普通預金口座等についても、金融機関から利子所得に関する情報を本システムに別途送付することで、対応する方法が考えられる。

③ システム利用者を特定するための情報（本人識別情報）

本人識別の精度、住所・氏名変更対応、個人情報漏洩等に係る安全性の観点等から、なんらかのIDカードを利用する方法が望ましいが、現実的側面から、e-Tax（国税電子申告）と同様にIDとパスワードによる認証と電子署名を併用した方法も検討する必要がある。

④ 既存システムの活用

　損益通算のためのシステムの導入により、申告関連の手続が一本化されるため、納税者の利便性の観点から本システムをe-Tax（国税電子申告）の付帯サービスとすることも一案である。

⑤ 納税者のアクションの要否

　本システムの利用が申告納税制度に抵触しないことは「(2)　システムの導入による解決」で述べたが、実質的に申告不要の仕組みとする場合、申告のために納税者の能動的アクションをどの程度課すのかを検討する必要がある。基本的には内容の承諾が必要だが、海外事例等もふまえれば、なんらかのアクションを行わない限り同意したものとみなすという事前承諾の形式や、一定期間を経過した場合には申告内容を承諾したものとみなすという形式も一案である。また、承諾アクションの失念を防止するため、納税者に確認を促す通知をすることも考えられるが、コスト増大要因にもなりうる点で懸念が残る。

7 検討が必要な論点と今後の進め方

　今後、金融所得課税の一体化が進み、源泉徴収口座に受入可能な金融所得の範囲が広がると、源泉徴収口座内の所得の取扱いが論点となる。つまり、現在の税制は、源泉徴収口座内の所得金額は、源泉徴収によって課税されているため、金融所得に対する課税という意味では適正に課税されているものの、所得税法上の「合計所得金額」には含まれないこととされている。所得税法上の「合計所得金額」は、金融所得に対する課税以外にも、住民税等の各種控除や健康保険や年金の保険料の算定基礎としても利用されているため、それらに影響を与えるのである。

　多額の金融所得を有しながら合計所得金額が少なくなってしまうことは、公平性の観点から望ましくないとの考え方もあるが、源泉徴収口座で申告不要を選択した場合の口座内に生じた金融所得に関しては、金融所得確認システムによって、他の所得の確定申告とは別の簡略化された仕組みで申告手続を行えるようになるため、それ以外の金融所得（一般口座に生じた金融所得等）の申告を税法上、どのように位置づけるかが問題となる。金融所得一体課税は、そもそも金融所得とそれ以外の所得を分離してその間の損益通算を認めないという趣旨に基づいている。したがって、金融所得を他の所得と完全に分離する「完全申告分離」とし、合計所得金額には含めないことが本来の姿である。他方で、他の社会保障制度における保険料等の算出には、合計所得金額にかわる新しい基準を別途設けることもあわせて検討する必要がある。

　なお、金融所得を合計所得金額に含めないこととした場合、現行の総合課税における配当控除は廃止されることとなると考えられる（前述「コラム　資金調達手段に対する中立性」参照）。

また、現行税制では、利子所得、配当所得、株式譲渡所得に対する課税について、現行地方税部分と国税部分に分かれているが、その課税方式と国と地方の課税額の配分は所得分類等によって異なる。すなわち、預貯金等の利子等に対しては、利子割として、源泉徴収により地方税５％が特別徴収される（この特別徴収は、金融機関が行っている）。上場株式等の配当等（大口を除く）に対しては、申告不要制度に基づき申告をしない場合、配当割として、地方税５％が特別徴収される（平成23年12月31日までの間は特例措置として３％となっている）。ただし、所得税の申告をした場合は、他の所得と合計して総合課税される。また、上場株式等以外の配当等に対しては、地方税の特別徴収がなくすべて総合課税となる。さらに、源泉徴収を選択した特定口座内の上場株式等の譲渡に係る所得に対しては、譲渡所得割として、地方税５％が特別徴収される（平成23年12月31日までの間は特例措置として３％となっている）。ただし、所得税の申告をした場合は、他の所得と合計して総合課税される。このように、国と地方で別々に税を徴収しているため、自治体の徴税コストや金融機関の負担が大きくなっているといわれている。

　今後、金融所得課税の一体化が進展すると、利子、配当、株式譲渡益の課税方法は一律申告分離（事実上の源泉分離）となり、また、前述した金融所得確認システムの導入によって、技術的にもそれらの所得を税務当局が一元的に把握することができるようになる。そのような状況下では、これまでの利子割、配当割、株式等譲渡所得割について、国税に一本化して徴収するほうが望ましい。スウェーデン等二元的所得税を導入している国では、基本的に金融所得課税は国税として設計されている。その際、現在の利子割等に当たる税額を、地方譲与税として地方に再配分することが必要になるが、その具体的方法については今後の検討課題である。

第 2 部

日本版IRAの提案

1 年金制度の現状と問題点

　第2部では、2で公的年金・企業年金を補完する個人型年金非課税制度（日本版IRA）を提案する。まず、その前提としてわが国の年金制度の現状と問題点を整理したい。

(1) 年金制度の構造と課税の仕組み

　わが国の年金制度は、「公的年金」「企業年金」「私的年金」に区分されており、公的年金のうち全国民に共通の国民年金を「1階部分の年金」、その上の厚生年金保険等を「2階部分の年金」、さらに確定拠出年金（日本版401k）のように1階・2階部分の年金を補完する役割をもつ「企業年金」を「3階部分の年金」という。また、個人年金保険等を「私的年金」という。

　公的年金等に対する課税の基本的仕組みは、原則として、拠出時非課税、運用時非課税、給付時課税とされ、給付時の課税については、昭和62年9月改正において、従来給与等として課税されていたものが、公的年金等に係る雑所得として課税されることとなったが、公的年金等控除が適用されるため、事実上非課税となっている。

　「企業年金」についても、次のとおり、拠出時非課税・運用時非課税・給付時実質非課税になっている。

　まず、拠出時は、社会保険料控除や生命保険料控除が適用される。具体的には、厚生年金基金については、企業の掛金は全額損金算入が認められ、加入者の掛金には全額社会保険料控除が適用される。適格退職年金、確定給付型企業年金については、企業の掛金は全額損金算入され、加入者の掛金には生命保険料控除が適用される。確定拠出年金企業型（企業型401k）について

は、拠出限度額が、企業年金制度がある場合は年額30万6,000円まで、企業年金制度がない場合は年額61万2,000円までとされており、限度額の枠内であれば非課税である（社会保険料控除が適用される）。

次に、運用時は、積立金に対して特別法人税が課されるが、現在凍結中である。具体的には、適格退職年金、確定給付型企業年金、企業型401kについて、本来特別法人税が課せられるが、現在凍結中である。

そして、給付時は、年金として給付される場合は、雑所得として公的年金等控除の対象となり実質的には非課税となっている。一時金として給付される場合は、退職所得として退職所得控除の対象となる。

ところで、確定拠出年金個人型（個人型401k）、財産形成年金貯蓄および税制適格個人年金は、死亡率、退職率等に基づく年金数理・保険数理が組み込まれたものではなく、個人の勘定で積立を行うものであり、一般の金融商品への投資等との区別はあいまいである。一般の金融商品への投資等に関しては、利子や配当、譲渡益等、そこから生じた所得に対して課税がなされている一方で、年金制度のなかで金融商品との区別があいまいなものについて、拠出時、運用時、給付時ともに実質的な非課税となっていることは、税制の中立性の観点から望ましくない。また、確定給付型企業年金の本人拠出分についても、同様の問題が生じている。なお、平成22年通常国会に企業型401kの本人拠出部分（いわゆる「マッチング拠出」）を認める法案が提出されているが、マッチング拠出に関しても、税制の中立性の観点から個人型401kと同様の問題がある。

(2) 公的年金制度に生じている問題

① 高齢化社会の進展等による社会保障費の増大

(a) 現在、わが国において高齢者人口が総人口に占める割合は、21％（5

人に1人が高齢者）となっており、今後、団塊の世代が65歳に到達する平成24年には、25.3％（4人に1人が高齢者）になるといわれている。高齢化率が上昇を続け、生産年齢人口（15～65歳）が総人口に占める割合が低下していくため、今後は、社会の活力の維持・確保のため、高齢者等のいっそうの社会参画等が求められていくものと考えられる。

(b) 年金給付と雇用者所得の双方を得る高齢者は、公的年金等控除と、給与所得控除の双方が適用される。そのため、年金受給と雇用者所得の双方を得る高齢者と、同額の収入を得る現役サラリーマンとの間には、負担の不公平が生じている。なお、平成19年11月の旧政府税制調査会の「抜本的な税制改革に向けた基本的考え方」の答申でも、このような世代間・世代内の公平性の観点から、公的年金等控除について適正化を図ることが指摘されている。

(c) また、平成21年度予算案における社会保障関係費は24兆8,000億円で、平成20年度予算比3兆1,000億円増となっており、一般会計歳出総額88兆5,000億円の3割（28.0％）を占めている。平成10～20年度の10年間では、38.9％（6兆1,000億円）の増加であり、増加傾向が強まっている。今後、団塊世代が高齢者になり、年金受給者や75歳以上の後期高齢者が増加していくことに伴い、年金、医療、介護等の社会保障費は増大を続けると見込まれ、持続可能な社会保障制度を構築するためにも、世代間の公平化を図り、給付と負担のバランスを確保する必要がある。

② 給付と負担のバランスの悪化

厚生労働省が発表した平成16年の財政再計算において、将来の年金給付水準の目安となる国民年金および厚生年金の所得代替率は59.3％（6割程度）から、50.2％（5割程度）に低下していくという推計となっている。さらに、平成20年度に行われた財政検証では、最悪のケースでは50％を下回るともいわれ、国民の公的年金制度に対する不安が高まっている。一方で、保険

料負担は増加の傾向にあり16、公的年金制度における給付と負担のバランスは悪化しているといえる。

このような状況のもと、公的年金を補完すべき企業年金や私的年金等の充実がいっそう求められていくものと考えられる。特に、公的年金の支給開始年齢が、段階的に引き上げられており原則65歳からとなることから、60～65歳までの間の生活に備えることが重要になっていくと考えられる。

(3) 企業年金等に生じている問題

公的年金を補完すべき位置づけである3階部分の企業年金や私的年金等の充実が求められるなか、企業年金等についても、次のような問題が生じている（図表6）。

第一に、十分性の問題である。これは、外部環境の変化によって年金原資の運用が悪化し、将来の老後の生活を保障するための積立不足が生じているという問題である。株価の下落等によって、企業年金の運用成績が悪化し、積立不足が深刻化しており、少子高齢化の進展によって、さらに深刻化するおそれがある。会計基準の変更に伴い、企業年金基金の積立不足が企業経営を直接圧迫しているなか、老後の生活を企業年金に依存することに限界が生じており、個人の自助努力による資産形成を税制面から支援していくことの必要性・重要性が高まっている。

第二に、確実性・利便性の問題である。具体的には次の2つの問題がある。1つは、企業年金基金が破綻した場合等の支払保証制度や企業倒産時の年金受給額の減額に対する備えが十分ではないことである。適格退職年金制

---

16 すでに保険料率の引上げは決定している。厚生年金の保険料率は平成29年に18.3％まで引き上げられ、以後固定となる。

図表6：わが国の3階部分の年金制度の問題点

問題点	内容
十分性	・株価下落等を受けて年金資産が減少。将来の老後の生活を保障するための積立が不足。 ・近年のわが国における貯蓄率の大幅な低下。
確実性・利便性	・積立不足や、企業の倒産による年金受給額の減額に対する備えが不十分。 ・資産を企業単位で管理している制度と個人単位で管理している制度が混在しているため、制度間の資産の移管（ポータビリティ）が限定的。
企業間・雇用形態間の公平性	・大企業と中小・零細企業との間等で、実施する制度が異なっており、制度により税制優遇もまちまちであるため、従業員間の不公平が発生。 ・日本の企業型401kにおける第3号被保険者や企業年金における非正規雇用者のようにそもそも制度の対象とされない者が存在し、職業間・雇用形態間の不公平が発生。
管轄省庁	・所管省庁が分散しており制度がばらばらに設計されているため、制度によって税制上の取扱いが統一されていない。
課税	・確定給付型企業年金の本人拠出分や個人型401k等、個人が一般の金融商品に投資等を行うこととの区別があいまいなものについて、各種控除の適用により、実質非課税となっており、税の中立性の観点から問題。 －拠出時は、社会保険料控除や生命保険料控除が適用。 －運用時は、運用収益への特別法人税が課されるが、現在凍結中。 －給付時は、公的年金等控除や退職所得控除が適用。

度においても、受給権保護規定がない等の事例が多く見受けられる。もう1つは、転職・退職時の年金原資の移管（ポータビリティ）の問題である。高齢期の生活の多様化や日本型雇用形態の崩壊等による雇用の流動化によって、国民が生涯を通じて単一の年金制度に加入し続けることが減少してきたため、企業年金のポータビリティ確保が重要な課題になってきている。しかし、資産を企業単位で管理している制度と個人単位で管理している制度が混在しているため、制度間の資産の移管（ポータビリティ）が限定的となっており、このような雇用慣行の変化への対応が十分でない。たとえば、確定拠

出年金企業型（企業型401k）は、離転職等による資格喪失後、6カ月以内に確定拠出年金個人型（個人型401k）への資産移管手続をとらないと、個人勘定資産が国民年金基金連合会に自動的に移管されるが、自動移管されると、資産は無利息の預金に入れられ受給権取得要件である加入期間にも通算されない。この自動移管の対象者は、年々増加しており、確定拠出年金制度（日本版401k）の最大の誤算ともいわれている。

　第三に、企業間・雇用形態間の公平性の問題である。3階部分の年金制度においては、大企業と中小・零細企業との間等で、実施する制度が異なっており、制度により税制優遇もまちまちであるため、従業員間で不公平が生じている。具体的には、手厚い年金制度を実施している事業主がいる一方で、3階部分の年金制度を実施できない中小・零細の事業主もいる。たとえば、確定給付型年金あり・企業型401kなしのサラリーマンは、職場に確定給付型年金と企業型401kの両方があるサラリーマンに比べて、明らかに与えられる税制措置が少ない。

　また、日本の企業型401kにおける第3号被保険者や、企業年金における非正規雇用者のように、そもそも制度の対象とされない者が存在し、職業間・雇用形態間の不公平も生じている。たとえば、現在、確定給付型年金も企業型401kもない非正規雇用者は、個人型401kに加入できるものの、拠出限度額は相対的に低くなっている。職場に確定給付型年金がないことは同じであっても、企業型401kのある従業員が年間55万2,000円の拠出限度額を与えられるのに比べて、21万6,000円しか与えられないのである。また、所得のない配偶者（第3号被保険者）は、現在、確定拠出型年金に加入できないため、企業型401kに加入していて、結婚・出産等の理由で離職した女性は、個人型401kへの資産移管後、個人勘定資産の運用指図は行えるが、拠出を継続できず、いわゆる塩漬けの状態に陥ってしまう。

図表7：現行年金制度のイメージ図

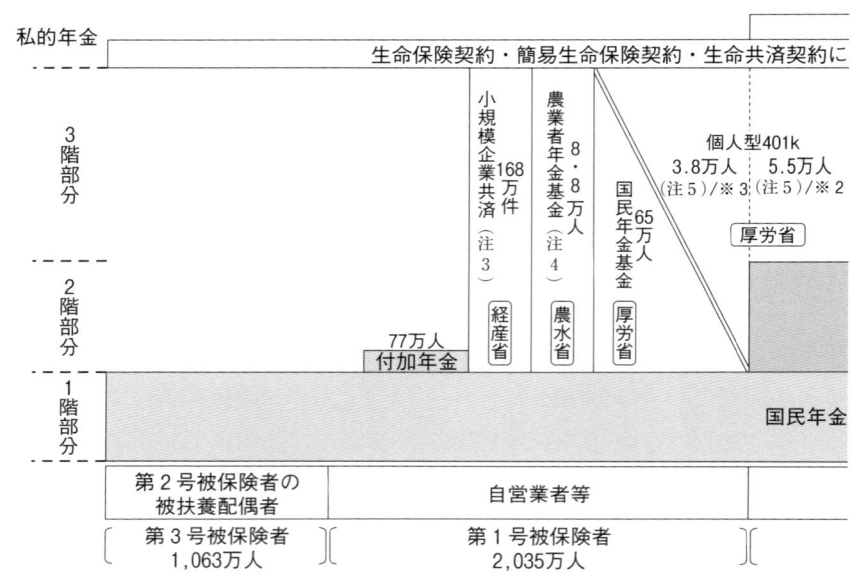

私的年金							
3階部分			小規模企業共済 168万件 (注3)	農業者年金基金 8.8万人 (注4)	国民年金基金 65万人	個人型401k 3.8万人 (注5)/※3	5.5万人 (注5)/※2
						厚労省	
2階部分		付加年金 77万人	経産省	農水省	厚労省		
1階部分				国民年金			
	第2号被保険者の被扶養配偶者	自営業者等					
	第3号被保険者 1,063万人	第1号被保険者 2,035万人					

（注1）　厚生年金保険のほか、①国民年金法等の一部を改正する法律（昭和60年法律34
　　　　金、②厚生年金保険法附則28条（指定共済組合の組合員）に規定する共済組合が支
（注2）　共済年金のほか、①恩給、②旧令による共済組合等から年金受給者のための特別
　　　　1項（外地関係共済組合に係る年金の支給）または7条の2第1項（旧共済組合員
　　　　済制度の統合を図るための農林漁業団体職員共済組合法等を廃止する等の法律（平
　　　　済組合法の規定に基づく年金、④地方公務員等共済組合法第11章の規定に基づく地
（注3）　小規模企業共済制度の加入者は、小規模の個人事業主および小規模会社や中小企
（注4）　旧農業者年金基金法に基づく農業者老齢年金を含む。
（注5）　国民年金基金加入者は、個人型の確定拠出年金に加入できる。
　　　　また、厚生年金保険の適用事業所の事業主が、確定給付型企業年金も企業型401k
（注6）　中小企業退職金共済制度、特定退職金共済制度等を実施している厚生年金保険の
（注7）　適格退職年金は、平成14年3月31日をもって廃止されている。ただし、既存の適
　　　　年金、企業型401kおよび中小企業退職金共済制度へ移行。
（注8）　自社年金は、過去の勤務に基づき使用者であった者から支給される年金である。
（注9）　確定拠出年金（日本版401k）の拠出額は、個人型401kにあっては、国民年金基
　　　　金の掛金等を控除した額、確定給付型企業年金も企業型401kも実施していない場合
　　　　3,000円（年額27万6,000円）］であり、企業型401kにあっては、確定給付型企
　　　　2,000円）［21年度改正:月額5万1,000円（年額61万2,000円）］、確定給付型企業年
　　　　［21年度改正:月額2万5,500円（年額30万6,000円）］である（平成21年7月政令第
（注10）　加入者等の数は、平成20年3月末の数値である。ただし、共済年金は、平成19年
　　　　よる）。
（出所）　鳴島安雄「年金制度の現状と今後の課税のあり方について」（税大ジャーナル）

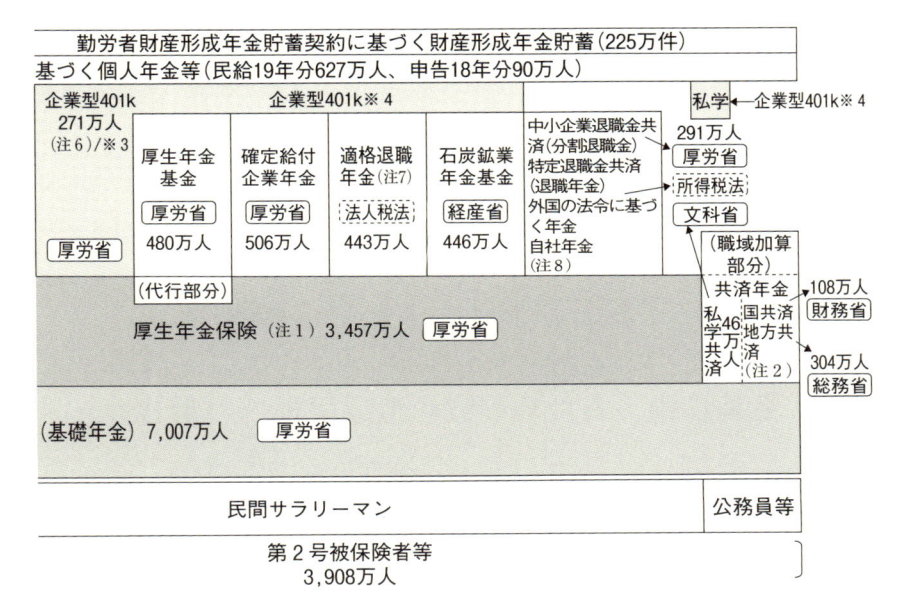

勤労者財産形成年金貯蓄契約に基づく財産形成年金貯蓄(225万件)						
基づく個人年金等(民給19年分627万人、申告18年分90万人)						
企業型401k 271万人 (注6)/※3	企業型401k※4				私学 ← 企業型401k※4 291万人	
	厚生年金基金	確定給付企業年金	適格退職年金(注7)	石炭鉱業年金基金	中小企業退職金共済(分割退職金) 特定退職金共済(退職年金) 外国の法令に基づく年金 自社年金 (注8)	厚労省 所得税法 文科省
	厚労省	厚労省	法人税法	経産省		(職域加算部分)
厚労省	480万人	506万人	443万人	446万人		共済年金 私学共済46万人 国共済 地方共済 (注2) 108万人 財務省 304万人 総務省
(代行部分) 厚生年金保険 (注1) 3,457万人 厚労省						
(基礎年金) 7,007万人 厚労省						
民間サラリーマン						公務員等
第2号被保険者等 3,908万人						

号) 5条(船員保険法の一部改正)の規定による改正前の船員保険法の規定に基づく年給する年金がある。
措置法(昭和25年法律256号) 3条1項(旧陸軍共済組合及び共済協会の権利承継)、4条に対する年金の支給)の規定に基づく年金、③厚生年金保険制度及び農林漁業団体職員共成13年法律101号)附則の規定または同法1条の規定による廃止前の農林漁業団体職員共方議会議員の年金等がある。
業団体の役員である。

も実施していない場合には、その事業所の使用される従業員は個人型401kに加入できる。
適用事業所の事業主は、企業型401kを実施することができる。
格退職年金契約については、平成24年3月31日までに限り、厚生年金基金、確定給付企

の場合(※1)の加入者の拠出額は月額6万8,000円(年額81万6,000円)から国民年金基
(※2)の加入者の拠出額は月額1万8,000円(年額21万6,000円)[21年度改正:月額2万
業年金を実施していない場合(※3)の事業主の拠出額は月額4万6,000円(年額55万
金を実施している場合(※4)の事業主の拠出額は月額2万3,000円(年額27万6,000円)
193号による拠出限度額の引上げは、平成22年1月1日から施行)。
3月末の数値である(企業年金連合会「企業年金に関する基礎資料」(平成20年12月)に

を参考に金融税制研究会が作成。

また、上記の問題に加え、わが国の3階部分にある複数の年金制度は、所管省庁が分散しており制度がばらばらに設計されているため、制度によって税制上の取扱いが異なるという大きな問題があることを指摘したい（図表7）。

　さらに、日本版401kでは、現在、若年期に給与水準が低い等の理由から、「拠出限度額の使い残し」が生じており、そもそも拠出限度額が老後の生活のために十分な資金をまかなうために設定されていることを考えると、「使い残し」によって十分な資産形成が達成できない可能性がある。

（4）　老後に備えるための資産形成促進への動き等

　前述のとおり、わが国では老後の生活を支えるための年金制度にさまざまな問題が生じており、政府もこれまでいくつか対策を行ってきた。たとえば、平成13年に確定拠出型年金（日本型401k）および確定給付型企業年金が導入された。しかし、これらの制度は、①仕組みが複雑である、②ポータビリティが完全でない等の面で問題が残る。また、平成22年度通常国会において、企業型401kについて、拠出限度額の範囲内で、事業主の拠出額と同額まで加入者が掛金を拠出（いわゆる「マッチング拠出」）することを認め、これを全額所得控除とするという法案が提出される等、老後に向けた資産形成を税制面から支援するための税制改正の動きは絶えないが、前述したさまざまな問題を解決するためにはより抜本的な税制改革が必要であろう。

　なお、前述のように平成21年度税制改正において、少額の上場株式等の投資のための非課税措置（日本版ISA）の創設が講じられた。これは、年間100万円まで拠出できる非課税口座を5年間開設でき、非課税口座から10年以内に生ずる配当所得および譲渡所得等に対して、非課税という制度である。資産形成を支援する目的ではあるが、10％に軽減されていた上場株式の譲渡益や配当に対する課税を20％に引き上げる際の激変緩和措置であり、「貯蓄か

ら投資へ」の流れを促進する観点からの暫定措置という位置づけであり、老後に備えるための制度としての意味合いは小さい。

2　日本版IRAの提案と制度設計

　1の現行制度の現状および問題点をふまえ、新制度設計の(1)基本的な考え方（①制度導入の目的、②政府方針との整合性）と(2)具体的な内容（①対象者、②適用要件、③課税方法、④拠出限度額、⑤現行年金制度との関係、⑥インフラの整備、⑦制度導入の時期）について記述したうえで、制度導入にあたっての課題を整理する。

(1)　基本的な考え方

　まず、制度設計における基本的な考え方を明らかにしたい。

①　制度導入の目的

　第一の目的は、現行の公的年金・企業年金を補完するための個人単位の年金非課税制度を創設することである。米国のIRA（Individual Retirement Account：個人退職勘定）の考え方を借用する制度として、本制度を「日本版IRA」として提案したい。本制度は、国民が国や企業に依存するのではなく、自助努力で資産形成することを税制面から支援する制度であり、老後の生活に対する不安の解消に資する。公的年金や企業年金に依存する状況では、自分でコントロールできないリスクが介在しているが、日本版IRAでは、そのリスクを自分のコントロール下に置くことができるという点で、十分性の問題に対応している。また、個人単位で資産を管理するため、企業倒産による影響やポータビリティの問題は発生しない。現在、企業型401kで自動移管が適用された場合の資産の行き先である国民年金基金連合会にかわって、本制度を受け皿とすることで、資産の塩漬状態を避けることも考えら

れる。これは、確実性・利便性の問題への対応である。さらに、20歳以上65歳未満の個人を対象とした制度であるため、企業間や世代内の不公平の問題は発生せず、雇用形態の多様化（正規・非正規等）にも対応しやすい。すなわち、公平性の問題への対応である。

　海外でも、米国のIRAをはじめとして企業年金を補完するかたちで、個人型の年金制度を導入、充実している事例が多くみられる。

　米国のIRAは、個人退職年金制度で、拠出時非課税、運用時非課税、引出し時課税の通常のIRA型と、税引き後所得から拠出し、引出し時に非課税となるRoth IRA型がある。この制度では、ロールオーバーIRAといって、年間の拠出限度額とは関係なく、企業年金から受給した資産を移管でき、そのまま非課税で運用できるという、他制度からの受け皿としての機能が充実している。また、就業状態や勤務先の年金制度等にかかわらず加入することができるため、真の意味でポータビリティが確保されている。

　カナダのRRSP（Registered Retirement Savings Plan）は、企業年金と個人年金を一体として拠出限度額を設定した年金制度である。具体的には、71歳まで、年間2万カナダドル（170万円[17]）まで積立を行うことができるが、拠出限度額のうち企業が拠出した分を除いた残りの部分について、個人が非課税で拠出できる。また、使用しきれなかった拠出限度額を翌年に繰り越すことが可能である。

　英国でも、老齢所得安定化のために、既存の複数の税制を企業年金・個人年金を含めた新たな年金制度に一本化している。具体的には、事業主負担分を含めた税制優遇適用の生涯退職貯蓄上限額（lifetime allowance）と、税制優遇適用の単年度上限額を設定し、この枠内で、個人による税制優遇適用となる年金への年間拠出限度額を設定するものである。

---

[17]　平成21年8月31日終値。1カナダドル＝85.00円として換算。

図表8：新制度（日本版IRA）のイメージ図

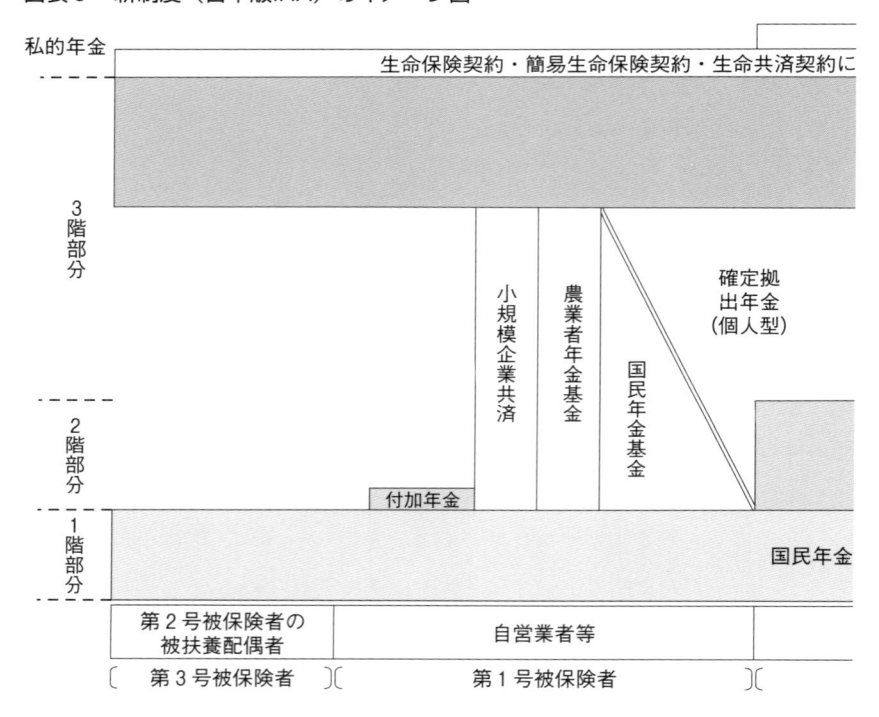

私的年金		生命保険契約・簡易生命保険契約・生命共済契約に					
3階部分			小規模企業共済	農業者年金基金	国民年金基金	確定拠出年金（個人型）	
2階部分				付加年金			
1階部分							国民年金
	第2号被保険者の被扶養配偶者		自営業者等				
	第3号被保険者		第1号被保険者				

　日本版IRAの第二の目的は、国民共通の個人年金制度を整備することにより、現行複数に分散している3階部分の年金制度を将来的に整理・統合する際の受け皿の役目を果たすことである（図表8）。前述のとおり、現行の3階部分は、所管省庁がそれぞれ異なるため、制度によって適用される所得控除の種類や金額がばらばらであり、制度間の整合性や公平性が確保されていないという弊害が生じている。このような弊害をなくすため、将来的な整理・統合を念頭に置きつつ、新しい制度を導入することとする。ただし、現行の制度をどのように整理して、いつまでに統合していくのかについては今後十分な検討が必要である。

勤労者財産形成年金貯蓄契約に基づく財産形成年金貯蓄						
基づく個人年金等						
個人型年金非課税制度（日本版IRA）						
確定拠出年金（企業型）	厚生年金基金	確定給付企業年金	適格退職年金 ※平成24年3月で廃止 石炭鉱業年金基金 ※適用者は446人ときわめて小規模	中小企業退職金共済（分割退職金） 特定退職金共済（退職年金） 外国の法令に基づく年金 自社年金	私学 ↑ 確定拠出年金（企業型）	
	（代行部分）					（職域加算部分）
	厚生年金保険				私学共済	共済年金 国共済 地方共済
（基礎年金）						
	民間サラリーマン				公務員等	
	第2号被保険者					

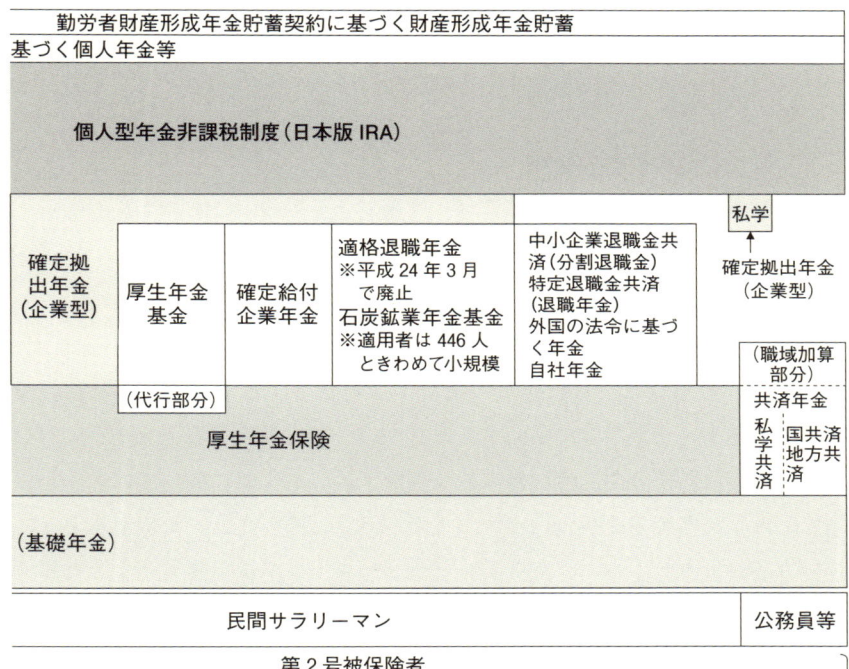

② 政府方針との整合性

平成21年度税制改正大綱（自由民主党、公明党：平成20年12月12日）の検討事項において、年金（退職金）制度について、次のとおり指摘されている。

「企業年金、確定拠出年金等に係る税制については、年金制度改革の議論等を見極めつつ、老後を保障する公的年金と自助努力による私的資産形成の状況、企業年金等における拠出の実態、各制度間のバランス及び公的年金との関連、ポータビリティ拡充に向けた環境整備の必要性、貯蓄商品に対する課税との関連等に留意して、拠出・運用・給付段階を通じた課税のあり方について抜本的な見直しを行う。この見直しと併せて、個人型確定拠出年金の

対象者のあり方についても、引き続き検討を行う」

ここでは、以下のような検討の方向性が求められていると解釈できる。
(a)　将来の公的年金の給付額減少に対応して、私的資産形成制度を拡充する
(b)　縦割行政の弊害の排除
(c)　個人積立資産を一括して管理・運用できる勘定（口座）の導入
(d)　現在、実質非課税となっている課税方法の見直し
(e)　３階部分の制度を整理・統合するような新制度の創設
(f)　第３号被保険者も加入できる私的資産形成制度とすること

以上の問題意識と、われわれの提言する制度を比較すると、(a)に関しては、公的年金・企業年金を補完する位置づけとして導入する、(b)と(e)に関しては、現行３階部分の制度の将来的な整理・統合を念頭に置いている、(c)に関しては、後述する非課税口座を導入する、(d)に関しては、後述するように課税方法の見直しを行う、(f)に関しては、20歳以上65歳未満のすべての個人を対象とした制度である、というように、検討事項の記述と整合していることがわかる。

また、同大綱では、次の指摘もされている。

「小規模企業共済制度及び中小企業退職金共済制度の加入者の範囲の見直しについては、今後、各制度における加入対象者の範囲の見直しが行われる際には、新規加入者の制度上の位置付け等を勘案し、その掛金等の税制上の取扱いについて措置する」

ここでは、小規模企業共済制度および中小企業退職金共済制度は、今後縮小の傾向にあると想定されることから、新規加入者は新制度にて吸収し、これまでの掛金等は新制度に移管できる仕組みを構築すべき、という検討の方向性が求められていると解釈できる。現時点で、現行制度と新制度の関係を具体的に整理することはむずかしいが、今後、新旧制度の整理・統合を進めるにあたっては、この点について留意する必要がある。

(2) 具体的な内容

以下では、前述の基本的な考え方をふまえ、具体的な制度の内容を記述する。

① 対象者

国民が職業や所属企業の区別なく、一律に適用される制度とする。具体的には、国内に住所を有する個人で、年齢が20歳以上65歳未満の者を対象とする。本制度における資産の運用は本人の意思で行うため、各自の自覚がある成人であることが必要であるため、適用開始年齢は20歳であることが望ましい。また、60歳で定年退職する場合に給付される退職金を、65歳までの5年間において運用できるようにするため、65歳までを対象とすることが望ましい。対象年齢の設定に加えて、後述するように、払出しを5～10年にわたって行うという要件を設けることで、少なくとも70歳までをカバーすることができる。

② 適用要件

非課税対象となる貯蓄や投資を、一般の貯蓄や投資と区別して管理するため、金融機関に専用の口座（非課税口座）を開設する必要がある。この非課税制度を利用する場合には、その者の氏名、住所、生年月日、この非課税制度を受けたい旨等を記載した届出書を、非課税口座を開設したい金融機関の営業所等に提出するという運用が考えられる。なお、複数の非課税口座の名寄せを行う必要があることから、利用者は、税・社会保障共通番号やIDカード等を提示する必要がある。

非課税口座内に拠出、運用することができる金融商品については、金融所

得一体課税の流れを受けて、幅広い金融商品から生じる金融所得を対象とすることが望ましい。また、国民の資産形成手段の選択や金融機関間の市場競争をゆがめないといった税の中立性の観点からも、できるだけ幅広い金融商品から生じる所得を対象とすることが望ましい。さらに、将来の公的年金の給付額減少に対応するために、自助努力での資産形成を進めるという目的をふまえれば、幅広い金融商品を対象として、ポートフォリオ選択の幅を広く用意しておくことが望ましい。したがって、金融所得一体課税の対象に含めることを検討している金融商品を幅広く対象とし、そこから生じるすべての金融所得に対して非課税とする。具体的には、預貯金、外貨預金、公社債、投資信託、株式、先物取引、集団投資スキーム、一部の保険商品等を対象とすべきである。

　本制度は単なる貯蓄優遇の制度ではない。厳密な意味での年金制度ではないにしても、年金としての位置づけを明確にする必要がある。年金という言葉の定義は法律上必ずしも明確になっていないが、「一定期間にわたる定期的な支給や、支給開始期間の規定、および運用期間の規定等によって、老後の所得保障の機能を担保した仕組み」と定義した場合、運用期間、支給開始年齢、払出方法に関する要件を定める必要がある。

　まず、運用期間については、一定期間（たとえば、5年）以上の管理・運用を行うことを金融機関との間の契約に定める。また、一定の年齢に達するまで原則払出しを認めないものとする。払出開始年齢は、公的年金の支給開始年齢が65歳に引き上げられた場合に、60歳で定年退職した後の5年間の生活に必要な資金をまかなうことを想定し、60歳とすることが望ましい。また、払出方法については、一時金ではなく一定期間（5年または10年以上）にわたって定期に払出しを行うことを金融機関との間の契約に定めることとする。ただし、本制度の枠組みのなかで、個人が終身年金方式の個人年金商品を購入した場合に、終身年金方式で払出しを受けることを否定するもので

はない。

　上記の要件に違反した場合は、遡及課税を行う。遡及課税は、財産形成年金貯蓄の例に倣い、払出しをした日以前5年以内に生じた個人年金資産の運用益に対して行う仕組みとする。医療費や介護関連の支出といったやむをえない事情により、60歳以前に払い出す場合や一時金として払い出す場合は、例外を認めることが望ましい。これは、「老後のため」という制度の目的を考えたとき、年齢要件は絶対的な基準とはなりえないからである。たとえば、55歳で高額な医療費の支払に直面した者にとって、これまで積み立てた資産を用いて健康を回復し、60歳以降の生活を充実させることは、老後のための資産形成の目的に合致すると考えられる。

③　課税方法

　諸外国の例をみると、資産形成を支援する税制については、拠出時非課税、運用時非課税、給付時課税のEET型（Tは課税、Eは非課税）と、拠出時課税、運用時非課税、給付時非課税のTEE型の2種類の課税方法がある。他方、わが国の現行の年金税制は、拠出時の社会保険料控除、給付時の公的年金等控除、運用時の特別法人税の凍結により、拠出時、運用時、給付時ともに非課税（あるいは実質非課税）と、他国に比べて寛大な制度となっている。いずれかのタイミングで課税すること、つまり、EET型かTEE型が本来の姿である。

　基本的に適用限界税率が同じという仮定を置いたとき、EET型とTEE型の実質的な経済的価値（納税額および税引後資産残高）は同値である。ただし実際は、若年期と高齢期では所得額の違いから適用限界税率が異なる場合が多く、若年期に多くの所得を得る者にとっては、EET型が経済的に望ましく、高齢期に多くの所得を得る者にとっては、TEE型が経済的に望ましいといえる。このような若年期と高齢期の所得の違いは、個人がライフサイク

図表9：IRAとISAの概要

【IRAの概要】

制度概要	IRA（Individual Retirement Account）は、米国の個人退職年金制度。 課税タイミングによって、従来のIRAとRoth IRAの2種類がある。			
課税方式		拠出時	運用時	給付時
	従来のIRA	所得控除あり（非課税）（注）	非課税	課税
	Roth IRA	税引後所得から拠出	非課税	非課税（運用益非課税）
拠出額の上限	年間5,000ドルまたは年間報酬の100％のいずれか少ないほうまで拠出が可能。50歳以上は、キャッチアップ拠出として、さらに1,000ドルの拠出が可能。			
運用商品の規制	銀行預金、投信、債券、株式、不動産証券化商品、アニュイティ（年金）など、幅広く認められている。貴金属、収集品、実物資産、生命保険、証拠金取引は不可。			
給付開始要件	59.5歳に到達、死亡、障害、高額医療費の支出、1回目の住宅購入、高等教育費の支出のいずれかに該当する場合。これらの要件に該当しない場合の給付は、10％のペナルティ課税。			

(注) 職場の退職給付制度に、(a)加入していない場合は年間4,000ドルまで所得控除可、(b)加入している場合は所得が高くなるにつれ控除可能額が減額される。(b)の場合も、所得控除なしの拠出であれば、所得控除ありの拠出と合わせて4,000ドルまで行える。

【ISAの概要】

制度概要	ISA（Individual Savings Account）は、英国の個人向け投資・貯蓄奨励制度。		
課税方式	拠出時	運用時	引出し時
	税引後所得から拠出	非課税	非課税（運用益非課税）
拠出額の上限	上限7,200ポンド。そのうちキャッシュ（銀行預金等）への投資上限は3,600ポンド。		
運用商品の規制	キャッシュのISA口座と株式等（株式、投信、保険）のISA口座を開設することができる。		
引出しに係る制限	引出回数、引出しの時期（年齢）に関する制限はない。		

ルにおいてどの時期に多くの所得を獲得するかに依存し、個人差があるため、経済的価値という側面からみた場合、制度としてどちらが望ましいかは一概にはいえない。したがって、経済的価値以外の観点から両者を比較する必要がある。

このような状況のもと、日本版IRAは、EET型とTEE型のどちらの課税方式とすべきかが論点となるが、以下の理由からTEE型の課税方式とすべきと考える。

TEE型は、基本的に貯蓄に対する税制として、簡素で明瞭である。また、受け取った税引後所得のなかから拠出するため、拠出額をコントロールしやすいという利点がある。さらに、制度導入時の財政負担が軽くなるため、わが国の財政状況を考えると、魅力的な選択肢となる。他方、EET型は、新たな所得控除を設ける必要があるので、税制当局の理解を得にくく、また、所得控除は高所得者ほど有利になるという問題がある。さらには、給付時に課税することはすでに退職している、あるいは、退職間近な人々に直接影響することであるため、そのような人々からの理解を得にくく、非課税にするという圧力にさらされがちである（かりに実施する場合には、相当程度

図表10：IRA型、Roth IRA・ISA型にみる税引後手取額の比較

	拠出額	拠出時の納税額	10年後の元本＋運用益	10年間の納税額	10年後の税引後手取額
①IRA型	100	非課税	163 $(100\times(1.05)^{10})$	33	130
②Roth IRA・ISA型	80	20	130 $(80\times(1.05)^{10})$	非課税	130
③所得課税	80	20	126	8	118

（注１）　拠出前の所得100、利回り5％、税率20％（所得区分にかかわらず一定）と仮定する。
（注２）　所得を課税ベースとする所得課税の場合、毎年の運用益に対して課税される。
（出典）　森信「抜本的税制改革と消費税」

のアナウンスメント期間を設ける等、さまざまな移行措置を講じる必要があると考えられる)。

　なお、TEE型の制度を導入する場合、現行制度からの移行をどのように円滑に進めるかという課題がある。円滑に移行させるためには、年金原資を現在価値で(あらためて課税することなく)新制度に移管できる仕組みを考える必要がある。たとえば、新勘定と旧勘定を分ける等の工夫が必要であるが、企業単位で管理している年金原資を、個人単位に紐付け直す作業が必要となる(図表9、10)。

④　拠出限度額

　TEE型の課税方式とする場合、拠出限度額を設ける必要がある。拠出限

コラム　限度額算出シミュレーション

　個人型年金非課税制度(日本版IRA)では、個人ごとに毎年の拠出限度額を設定し、それを上限として拠出を認める。この拠出限度額の算出方法には「公的年金給付額の減少に対応するために必要な資金の額から算出する考え方」と、「退職後の生活に必要な資金の額から算出する考え方」の2つがある。

　まず、前者の考え方に基づいて算出した場合、拠出限度額は年間120万円となる。具体的な算出方法を以下に示す。まず、公的年金給付の減少額を求める。厚生労働省による平成16年財政再計算において、公的年金の所得代替率が6割から5割に下方修正されたため、この影響による年金給付額の減少を現在価値に換算すると、月額5万円程度となる。その補完のために最低でも5万円が必要ということである。このとき、将来の年金給付額の減少を確実に補完するためには、5万円を拠出し続けるという前提が必要だが、現実には所得が相対的に低い若年期を含めて拠出し続けることは困難であると考えられる。そこで、さらに5万円を上乗せして、若年期以降の拠出で補うことができるよう余裕をもたせた限度額の設定が望ましい。したがって、両者を合計して、月額10

万円になるので、拠出限度額は年間120万円となる。

　次に、後者の考え方に基づいて算出した場合、拠出限度額は年間72万円以上が望ましいということがいえる。具体的には、以下の算式で算出した。

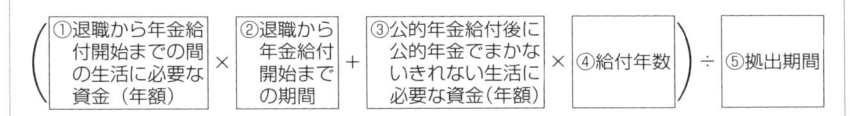

$$\left(①退職から年金給付開始までの間の生活に必要な資金（年額） \times ②退職から年金給付開始までの期間 + ③公的年金給付後に公的年金でまかないきれない生活に必要な資金（年額） \times ④給付年数 \right) \div ⑤拠出期間$$

　ここで、「①退職から年金給付開始までの間の生活に必要な資金額（年額）」は222万円[18]、「②退職から年金給付開始までの期間」は60歳から65歳までの5年、「③公的年金給付後に公的年金でまかないきれない生活に必要な資金額（年額）」は88万円（退職後の生活に必要な資金額（年間222万円）－公的年金として支給される資金額（年間134万円[19]））とする。また、「④給付年数」は平成20年における60歳の平均余命を参考に、85歳まで生きる[20]ことと想定し、65歳から85歳までの20年とした。さらに、「⑤拠出期間」は、20歳から60歳までの40年間とした。

　以上の算式および数値にて算出した拠出限度額は、年間72万円となる。しかし、前者の場合と同様に、所得が相対的に低い若年期に年間72万円を拠出することは困難であると考えられるため、若年期以降の拠出で補うことができるよう、限度額の設定には余裕をもたせることが望ましい。したがって、後者の考え方での拠出限度額は年間72万円以上となる。

　なお、上記のシミュレーションは簡易的に行ったものであるため、今後制度の詳細を設計するにあたっては再度検討する必要がある。

（注）　シミュレーションにあたっては、日本大学経済学部の宮里尚三准教授の指導を仰いだ。

18　総務省「家計調査（家計収支編）平成20年平均」の60歳以上世帯における消費額の半額を使用した。
19　平成21年度モデル世帯の年金給付額（月額22万3,000円、年額268万円）を夫婦で等分した数値を使用した。
20　厚生労働省「平成20年簡易生命表」の60歳の男女別平均余命に、総務省「平成20年人口推計」における男女別の総人口で重みづけをして算出した数値を使用した。

度額の設定には、さまざまな考え方があるが、たとえば、年間120万円程度が望ましいのではないか（「コラム　限度額算出シミュレーション」参照）。ただし、一定期間の拠出ができない60歳以上の者については、拠出枠を拡大して一時積立を認めることが望ましい。また、若年期に給与水準が低いこと等により「拠出限度額の使い残し」の問題が発生する可能性があるため、拠出限度額の繰越しを一定期間認める等の検討が必要である。なお、「拠出限度額の使い残し」に対しては、前述した英国の制度のように、加入期間中の合計拠出限度額である「生涯拠出限度額」を設定する方法も考えられるが、生涯で拠出限度額を設定すると、住居を売却した際等に多額の資金を拠出可能となり、自助努力による老後の資産形成という本制度の趣旨と矛盾するおそれがあること、長期間にわたり拠出限度額を管理する必要があるため運用コストが高まってしまうという問題がある。

⑤　現行年金制度との関係

　前述のとおり、現行の３階部分の年金制度は、所管省庁がばらばらであり複数の制度に分立しているため弊害が生じている。したがって、拠出時課税の制度として提案している日本版IRAの導入に伴い、現行の３階部分における個人単位の年金制度は将来的に整理・統合されることが望ましい。しかし、現行制度の加入者が多く、短期的に移行した場合の影響が大きいこと、移行に係る政府、企業、個人の事務負担が甚大になること、さらには、大企業等では、現行制度下の優遇が十分に大きく、新しい制度への移行を望まない者が相当程度存在すると考えられることから、すべての制度をすぐに統合することは、現実的に容易ではなく、また、必ずしも適切な対応ではない。

　したがって、日本版IRAの導入にあたって、現行の３階部分の個人単位の年金制度を維持したまま新制度を導入するのか、現行制度を吸収するかたちで新制度を導入するのかについて、企業や個人の運用実態をふまえた詳細な検討が必要である。そして、いつまでにどの制度を整理・統合するのかとい

う具体的かつ現実的な工程表を作成する必要がある。

　たとえば、非課税制度の施行後一定期間（たとえば、5年間）に限り、現行制度のもとで積み立てた個人資産を均等に、新制度の口座に移換できるようにすることも考えられる。なお、移管の際は、金融機関間の資産移動が極端に起きないようにするため、移行期間中均等に移管することが望ましい。また、移管の際に、個人資産にあらためて課税すべきか否かという論点がある。現状非課税の制度から、拠出時課税の制度への移管であるため、課税すべきという考え方もあるが、新制度への円滑な移行という点を重視し、課税をすべきではないという考え方もある。

　また、平成21年税制改正大綱に盛り込まれた少額投資優遇措置（日本版ISA）は、毎年100万円までの上場株式等への投資に対する配当を非課税とするもので、国民の資産形成を税制面から支援するものであるが、引出しに係る年齢制限がないこと、10年間の時限措置であること、証券税制の軽減税率に対する代替措置として導入されるものであること等から、公的年金・企業年金を補完することを目的とした本制度（日本版IRA）とは位置づけが異なるものである。しかし、英国ではISAを恒久的な措置としており、わが国でも日本版ISAの位置づけが今後変化する可能性もある。重複した制度が混在しないために、今後の制度改正の動向に目を向けながら、両者の関係を整理していく必要がある。

⑥　インフラの整備

　本制度を円滑に運用するにあたり、インフラの整備が必要となる。ここでは、その必要性と具体的な実現方法について記述する。

　まず、拠出先となる口座の仕組みを整備する必要があるが、本制度の運用に必要となる非課税口座のために金融機関に新たなシステム開発投資を行わせることは、社会コストの増大につながり望ましくない。そこで、幅広い金

融商品から生じる金融所得を受け入れる仕組みとして、既存の源泉徴収口座を活用しつつ、非課税対象の資産・所得を別管理できる勘定を設けることで対応することが望ましい。ただし、現在源泉徴収口座を保有していない金融機関等、源泉徴収口座内に非課税勘定を設けることによって、逆にシステム開発投資が大きくなってしまう場合には、独自に非課税口座を設けることも可能とする必要があるだろう。

また、少額貯蓄非課税制度（マル優）については、小口管理が必要なため金融機関における管理コストが大きくなっていることから、同勘定に受け入れて管理できる仕組みとすることで効率的な管理が可能になると考えられる。ただし、制度の成立ちや仕組みが異なるため、実際に移管する方法については検討が必要である。

なお、非課税口座は、個人の投資選択に自由度を確保すること、金融機関同士の競争を阻害しないこと等をかんがみて、複数金融機関に設けることができるようにすべきであろう。ただし、複数口座を認める場合、金融機関を跨いでの限度額管理が課題となる。一人一口座の場合でも、限度額管理自体は容易になるが、他に口座を設けていないかどうかを確認するための名寄せの徹底が必要になる。

次に、拠出限度額管理を行うシステムの構築についてである。一人が複数の非課税口座を開設できるため、口座への拠出時に、他の非課税口座を含めた合計拠出額が限度額の範囲内か否かを判定する、限度額管理を行うシステムが必要となる。

システムのおもな機能は、(ⅰ)拠出申出を行った者が、他に非課税口座を開設していないか確認するための名寄せ機能と、(ⅱ)複数の非課税口座の拠出額の合計を一定時間内に計算して、限度額を超過しているか否かを判定する機能の2つが考えられる。

ただし、具体的な必要機能は、積立方法によって異なってくる。すなわ

ち、(a)利用者が、任意の時期に任意の金額を積み立てることができる方法（「任意時期積立方式」）と、(b)利用者が、あらかじめ設定した一定金額を、定期（月単位）に積み立てる方法（「定期積立方式」）によって異なってくることとなる。上記の組合せに対応したシステムの必要機能を考えると次のとおりになる（図表11）。

(a) 任意時期積立方式の場合：金融機関の窓口で、拠出申出を行った者に対して限度額超過か否かを、即座とまではいかないとしても、遅くとも数日以内には回答しなければならず、金融機関とシステムとの間で頻繁な情報のやりとりが必要となり、かつ、名寄せ機能も必要である。申出から回答までの時間が短いほど、システム構築に係る費用は増大すると考えられる。

(b) 定期積立方式の場合：金融機関では、あらかじめ設定された一定額を口座から引き落とすだけでよいので、限度額超過か否かを拠出時に回答する必要はない。したがって、金融機関とシステムの間で頻繁な情報のやりとりは必要ない。ただし、利用者がある金融機関に非課税口座を開設しようとする際に、他の金融機関の非課税口座における積立額の情報をもとに、毎月の積立額を設定する必要があるため、名寄せ機能が必要となる。名寄せの実施にあたっては、情報を常に最新のものに更新しておく必要がある。

なお、参考事例として、現行の確定拠出年金個人型（個人型401k）では、

図表11：システムに必要な機能の積立方式による違い

積立方法 \ システムの必要機能	各金融機関の非課税口座における積立額合計機能	名寄せ機能
(a) 任意時期積立方式	金融機関との頻繁な情報のやりとりが**必要**	必要
(b) 定期積立方式	金融機関との頻繁な情報のやりとりは**不要**	必要

定期積立方式が採用されており、以下の流れで積立が行われている。

　　ア．個人が個人型401kに加入しようとするときは、金融機関の窓口に必要な申請書類を提出し、加入申込みを行う（この金融機関を、「運営管理機関」といい、一人一金融機関のみ利用可能）。このとき、申込者は、拠出限度額の範囲内で、1,000円単位で毎月の掛金を決める。

　　イ．申込みを受けた金融機関は、国民年金基金連合会に、書類を郵送する。

　　ウ．国民年金基金連合会は、加入審査を行い、審査結果を通知する。

　　エ．審査を通過した場合、以後、給与口座等から自動的に毎月掛金が引き落とされる。

　上述の「限度額管理システム」は、「第1部6　インフラの整備」（金融所得確認システムの導入）で記述した、金融所得一体課税の導入にあたって必要となる金融所得確認システムと類似した機能をもつことになる。類似した機能をもつシステムを別々に構築することは投資効率上望ましくない。そこで、一方の目的のためのシステムの機能をもう一方の目的に活用できるように、拡張性を意識したシステム開発を行うために、両者の関係を整理した（図表12）。

　整理の結果、両機能には以下のように共通する部分が多いため、その点を考慮したシステム設計を実施すべきであると考えられる。まず、金融機関から当該システムに対しては、損益通算を目的としたシステムでは各納税者の金融所得の総額が送信され、非課税口座における限度額管理を目的としたシステムでは拠出金額が送信されるが、金融機関が個人の社会保障番号と紐付けて個人の情報を当該システムに送信する点で機能の共通化が可能である。また、両システムともに、納税者の情報を社会保障番号と紐付けて管理するため、納税者に関するデータベースの設計についても共通化が可能である。同様に、損益通算を目的としたシステムにおける、納税者がインターネット

図表12：複数の金融機関の情報を集約するシステムの目的別関係整理

	システムの機能		源泉徴収口座間の損益通算を目的としたシステム（金融所得確認システム）	非課税口座における限度額管理を目的としたシステム
前提となる制度・要件	前提となる制度の対象者		金融所得を有するすべての納税者	国内に住所を有する20歳以上65歳未満の個人
	利用可能な番号		社会保障番号（カード）（あるいは別の統一的な番号）	社会保障番号（カード）（あるいは基礎年金番号等）
	拠出額の限度額管理		なし	必要
	金融機関とシステム間の頻繁な情報授受の要否		不要	拠出時ごとに限度額管理を行う「任意時期積立方式」の場合必須 口座開設時に限度額管理を行う「定期積立方式」は必須ではない
システムから出力される情報またはシステムに入力される情報（その頻度）	金融機関	からの入力	利用者の社会保障番号および拠出額（口座開設時・拠出時）	利用者の社会保障番号および拠出額（口座開設時・拠出時）
		への出力	拠出金総額、利用限度額の結果通知（口座開設時（「定期積立方式」）または拠出時（「任意時期積立方式」））	拠出金総額、利用限度額の結果通知（口座開設時（ｂ方式）または拠出時（ａ方式））
	納税者（個人）	からの入力	なし	なし
		への出力	金融所得額通算結果（拠出年度の次年の年初のみ1回）	なし
	税務当局	からの入力	なし	拠出上限値
		への出力	合計課税所得額（年末のみ1回）	拠出金総額（口座開設時・拠出時）

上で金融所得額通算結果を確認できる機能や、限度額管理を目的としたシステムにおける、金融機関が納税者の利用可能限度額を確認できる機能についても共通化が可能であろう。

⑦ 制度導入の時期

老後の生活に対する国民の不安が高まっている状況をふまえると、できるだけ早期に制度を導入することが望ましい。しかし、金融機関等におけるシステム開発期間をかんがみると、システム運用開始の2、3年前に制度導入を決定する必要があり、今年度に導入を決定したとしても、最速で平成24年以降の導入となる。

(3) 検討が必要な論点と今後の進め方

① 番号の利用

日本版IRAについて、前述の損益通算を行うためのシステムと同様に「第1部6(4)① 番号の利用」、税・社会保障共通番号や、IDカードに格納された番号を金融機関の窓口で読み取ることによって効率的な名寄せを行う場合、現時点では国民の理解が必ずしも十分ではないことから、十分な国民的議論を経ることが必要である。同様に、当該番号の金融機関による営業目的等に使われてしまうことを懸念する意見をふまえ、あらかじめ許容される利用範囲を明確にしておく必要がある。

名寄せにあたっては、新たな統一的番号の導入が絶対に必要であるわけではないものの、20歳以上のすべての個人を対象としたシステムであるため、対象者全員に配布されている番号を活用することは、コスト面で望ましい。なお、20歳以上を対象とする番号としては、他に基礎年金番号を活用する方法もある。

② 金融機関における顧客対応の迅速性（任意時期積立方式を採用した場合）

　拠出申出を受けてから拠出可能額の回答までの期間は、ある程度の迅速性が求められるが、短期的な利益を追求する目的の口座ではないため、翌日回答とすること等を検討する必要がある。

③ 限度額管理のコスト（任意時期積立方式を採用した場合）

　複数口座での限度額管理を拠出時に即時に実施するとなると、膨大なシステム開発コストが掛かり、金融機関側にもシステム改修の負担が大きく掛かることになる点をふまえ、費用対効果の面から最適な方法を検討する必要がある。

④ 非課税口座内に発生した金融所得の取扱い

　非課税口座に発生した金融所得の引出年齢制限があるため、利回りの高い商品に投資をして大きな譲渡益等が発生した場合でも、それを原資に再投資することができない。また、逆に、譲渡損が発生した場合は、非課税所得であるため、他の所得との損益通算ができない。これらの問題を解決するためのなんらかの対応策の要否についても、議論が必要である。

⑤ 所管省庁

　縦割行政の弊害をなくすような、統一的制度を導入することになるが、制度の所管をどの省庁に置くべきかについては別途検討が必要である。

図表13：日本版IRAの概要

項　目	内　容
目的	・国民が国や企業に依存するのではなく、自助努力で資産形成することを税制面から支援。 ・個人単位で資産を管理することで、企業倒産による影響やポータビリティの問題を解消。 ・企業間や世代内の不公平の問題を解消し、雇用形態の多様化（正規・非正規等）にも対応。 ・国民共通の個人年金制度を整備しておくことで、現行複数に分散している3階部分の年金制度を将来的に整理・統合する際の受け皿として設置。
適用対象者	・国内に住所を有する個人で、年齢が20歳以上65歳未満の者を対象とし、職業や所属企業の区別なく、一律に適用。
運用方法・運用対象商品	・金融機関に専用の口座を開設。 ・金融所得一体課税の対象に含めることを検討している金融商品を幅広く対象とする。
適用要件	・5年以上の管理・運用を行ったうえで、60歳以後、定期にわたって払出しを行うことを金融機関との間の契約とする仕組み。 ・上記要件に違反した場合、払出しをした日以前5年以内に生じた個人年金資産の運用益に対して遡及課税を実施（ただし、医療費や介護関連の支出といったやむをえない場合は除く）。
課税方法	・拠出時課税、運用時・給付時非課税のTEE型（Tは課税、Eは非課税）。 ・個人年金勘定において拠出をした金融資産から生ずる利子、収益の分配または差益等に対して非課税。
拠出限度額	・年間120万円程度を想定。「使い残し」は翌年以降に繰越し可能。
制度導入時期	・金融機関等におけるシステム開発期間をかんがみて、2012年以降をメド。
課題	・現行の3階部分の個人単位の年金制度と新制度との関係整理。 ・現行の3階部分の年金制度について、いつまでにどの制度を整理・統合するのかという具体的かつ現実的な工程表の作成。

	・年金原資を現在価値で（あらためて課税することなく）新制度に移管できる仕組み等、現行制度からの資産移行を円滑に進める方法の検討。 ・当該制度の所管省庁の決定。 ・拠出方法を、「任意時期積立方式」とするか「定期積立方式」とするかについて、限度額管理のためのシステムの機能・費用とあわせて検討が必要。

〔編著者紹介〕

森信　茂樹（もりのぶ　しげき）

　昭和25年広島生まれ、昭和48年京都大学法学部卒業後、大蔵省入省。英国駐在大蔵省参事（国際金融情報センターロンドン所長）、証券局調査室長、主税局調査課長、税制第2課長、主税局総務課長、東京税関長を歴任。大阪大学法学研究科教授、プリンストン大学で教鞭をとり、平成17年財務総合政策研究所長。その間東京大学法学部客員教授、コロンビア・ロースクール客員研究員。平成18年財務省を退官し、現職はジャパン・タックス・インスティチュート所長、中央大学法科大学院教授。平成18年より東京財団上席研究員。平成18年9月より金融税制研究会座長。法学博士（租税法）。平成22年5月から、金融庁金融税制研究会のメンバー。

　『給付つき税額控除』（中央経済社、平成20年）、『抜本的税制改革と消費税 経済成長を支える税制へ』（大蔵財務協会、平成19年）、『日本が生まれ変わる税制改革』（中公新書ラクレ、平成15年）、『わが国所得税課税ベースの研究』（日本租税研究協会、平成14年）、『日本の税制』（PHP新書、平成13年）、『日本の消費税』（納税協会連合会、平成12年）等著書多数。

〔著者紹介〕

●NTTデータ経営研究所

　株式会社NTTデータ経営研究所は、1991年、システム構築の上流工程を担う企業として、株式会社NTTデータ（当時のNTTデータ通信株式会社）によって設立されたコンサルティング会社。以来、公的分野、民間分野双方に対し、調査研究・政策提言から事業戦略・経営管理に至るまで幅広いコンサルティング・サービスを提供。2006年より「金融税制研究会」（現「金融税制・番号制度研究会」）の事務局を担当。

● **金融税制研究会とは**

　座長の森信茂樹教授が中心となって、金融所得税制について検討し、世の中に提言を行うことを目的とした研究会。委員は、銀行、証券業界、法曹界、学界、経済団体などの有識者で構成し、税理論の観点だけでなく、制度改正によって影響を受ける業務・システムの観点から、実務的な検討を行う点が特徴。平成18年9月から活動を始め、平成22年4月現在、32回の会合を開催し、3回の報告書を公表している。これらは、(http://www.japantax.jp) で見ることができる。

　(注)　平成22年1月から「金融税制・番号制度研究会」に改称。

● **メンバー**（敬称略）

【平成22年4月現在】
・座長
　　森信　茂樹　　中央大学法科大学院教授

・委員（順不同）
　　阿部　泰久　　日本経済団体連合会経済基盤本部長
　　大崎　貞和　　野村総合研究所研究創発センター主席研究員
　　神門　　隆　　全国銀行協会金融調査部長
　　長嶋　拓人　　㈱三井住友銀行経営企画部金融調査室業務環境・戦略調査グループ室長代理
　　酒井　克彦　　国士舘大学法学部教授兼同大学院法学研究科教授
　　山本　秀男　　中央大学大学院戦略経営研究科教授
　　田近　栄治　　一橋大学国際・公共政策大学院教授
　　武井　一浩　　西村あさひ法律事務所弁護士（パートナー）
　　佐藤　修二　　西村あさひ法律事務所弁護士
　　徳永　匡子　　東京青山・青木・狛法律事務所、ベーカー＆マッケンジー外国法弁護士事務所（外国法共同事業）税理士
　　増井喜一郎　　日本証券業協会副会長
　　金子　敏之　　日本証券業協会政策本部企画部課長
　　松野　秀人　　野村證券㈱営業企画部次長兼リテール戦略課長
　　水谷　成男　　野村證券㈱営業企画部リテール戦略課課長

吉井　一洋　　大和総研㈱制度調査部長
　豊福　嘉弘　　住友信託銀行㈱業務部審議役
　臼杵　政治　　ニッセイ基礎研究所年金研究部長兼主席研究員
　小笠原　泰　　明治大学国際日本学部教授

・オブザーバー
　河内　祐典
　鳴島　安雄
　原　　武彦
　日出島恒夫

・事務局
　河本　敏夫　　㈱NTTデータ経営研究所シニアコンサルタント
　小林　洋子　　㈱NTTデータ経営研究所シニアコンサルタント
　山崎　英　　　㈱NTTデータ経営研究所シニアコンサルタント
　山本　和樹　　㈱NTTデータ経営研究所コンサルタント

【過去に参加した委員】（所属・役職は当時）
〈平成18年9月～平成19年1月〉
　藤田　耕司　　アンダーソン・毛利・友常・法律事務所弁護士
〈平成18年9月～平成20年4月〉
　増田　豊　　　全国銀行協会　㈳東京銀行協会金融調査部長
〈平成18年9月～平成20年9月〉
　大前　茂　　　㈱証券保管振替機構常務取締役
　大場　義正　　㈱証券保管振替機構企画部次長
〈平成18年9月～平成21年4月〉
　都留　朗智　　野村證券㈱営業企画部課長
〈平成19年1月～平成20年8月〉
　笛木　敦夫　　日本証券業協会自主規制本部自主規制1部長
〈平成20年4月～平成21年3月〉
　山本　均　　　㈱みずほ銀行経営企画部調査役兼みずほ総合研究所調査本部金
　　　　　　　　融調査部主任研究員
〈平成20年5月～平成21年3月〉

松本　康幸　　全国銀行協会金融調査部次長
〈平成21年4月～平成22年3月〉
　　髙山進一郎　　㈱三菱東京UFJ銀行企画部会長行室次長

●これまでの開催内容

・第1回会合（平成18年9月26日）
　　「金融所得課税の一元化に係る論点整理」
・第2回会合（平成18年10月30日）
　　「金融商品の損失等を巡る課税上の問題」
　　「金融所得課税一体化に係るシステム・実務上の論点」
・第3回会合（平成18年12月1日）
　　「株券電子化時の名寄せの仕組み等について」
　　「金融所得の損益通算に係る番号制度等について」
・第4回会合（平成19年1月26日）
　　「銀行業界の検討状況について」
　　「証券業協会の検討状況について」
・第5回会合（平成19年3月5日）
　　「金融所得課税一体化論と証券投資優遇税制」
・第6回会合（平成19年4月26日）
　　「金融商品一体課税に関する若干の論点整理」
・第7回会合（平成19年6月5日）
　　「有価証券税制の実務的問題点」
・第8回会合（平成19年7月17日）
　　「配当所得の意義についての若干の再検討など」
　　「米国における配当二重課税撤廃案について」
・第9回会合（平成19年8月27日）
　　「中間報告書（案）の報告と討議」
・第10回会合（平成19年9月26日）
　　「米英の個人向け資産形成支援スキーム」
　　「中間報告書の修正内容・箇所について」
　　「今後の論点について」
・第11回会合（平成19年10月30日）

「みなし配当課税について」
・第12回会合（平成19年11月29日）
　　　「投資信託の種類と課税関係」
　　　「投資信託課税の問題点について」
　　　「ファンド税制に関する米国と英国の動向」
・第13回会合（平成20年1月17日）
　　　「ファンド税制について」
・第14回会合（平成20年2月21日）
　　　「金融所得課税の一体化に向けた銀行の考え方」
　　　「貯蓄性金融商品への金融所得一体課税適用に向けた想定論点」
・第15回会合（平成20年4月3日）
　　　「公社債への課税について（素案および実務の観点からのコメント）」
　　　「外貨建金融商品への課税について」
　　　「利子所得への金融所得一体課税適用に係る論点整理」
・第16回会合（平成20年5月23日）
　　　「金融所得に係る損失の取り扱い」
・第17回会合（平成20年6月23日）
　　　「金融所得一体課税における番号制度等の必要性の検討」
・第18回会合（平成20年7月29日）
　　　「報告書骨子について」
　　　「外貨建金融商品への課税について」
・第19回会合（平成20年9月2日）
　　　「報告書（案）について」
・第20回会合（平成20年9月25日）
　　　「報告書最終案について」
　　　「投資信託とミューチュアル・ファンドの課税制度の比較について」
・第21回会合（平成20年11月13日）
　　　「金融所得確認システム（仮称）を実現するための技術的課題」
・第22回会合（平成20年12月17日）
　　　「記入済み（Pre-Populated）申告について」
・第23回会合（平成21年1月27日）
　　　「金融所得確認システムに関する論点整理と実現方法について」
・第24回会合（平成21年3月3日）

「我が国年金税制の諸問題について」
・第25回会合（平成21年 4 月23日）
　　「社会保障カード（仮称）について」
・第26回会合（平成21年 5 月25日）
　　「資産形成支援税制の導入と現行年金制度との関係について」
　　「個人年金積立金勘定（仮称）非課税制度の骨子案」
・第27回会合（平成21年 7 月 1 日）
　　「日本の年金税制の課題と諸外国の比較」
　　「租税条約における年金の取り扱い」
・第28回会合（平成21年 9 月 2 日）
　　「報告書（案）について」
・第29回会合（平成21年10月 8 日）
　　「英国ISAと日本版ISAの再考」
　　「信託業界の年金税制改正要望について」
・第30回会合（平成21年11月17日）
　　「金融所得一体課税と日本版IRAについて」
・第31回会合（平成22年 3 月 5 日）
　　「最近のドイツの金融税制改革等について」
　　「諸外国の番号制度の概要について」
・第32回会合（平成22年 4 月 2 日）
　　「社会保障・税に関わる番号制度の導入実現に向けての論点」
　　「最近の英国の年金制度改革について」

金融所得一体課税の推進と日本版IRAの提案

平成22年8月6日　第1刷発行

編著者　森　信　茂　樹
著　者　金融税制研究会
　　　　NTTデータ経営研究所
発行者　倉　田　　勲
印刷所　株式会社太平印刷社

〒160-8520　東京都新宿区南元町19
発　行　所　社団法人　金融財政事情研究会
　　　　編集部　TEL 03(3355)2251　FAX 03(3357)7416
販　　売　株式会社きんざい
　　　　販売受付　TEL 03(3358)2891　FAX 03(3358)0037
　　　　URL http://www.kinzai.jp/

・本書の内容の一部あるいは全部を無断で複写・複製・転訳載すること、および磁気または光記録媒体、コンピュータネットワーク上等へ入力することは、法律で認められた場合を除き、著作者および出版社の権利の侵害となります。
・落丁・乱丁本はお取替えいたします。定価はカバーに表示してあります。

Copyright(C) 2010　(株)NTTデータ経営研究所

ISBN978-4-322-11690-8